HILFE AUS EIGENER KRAFT

Die Probleme selbst in die Hand nehmen, die Herausforderungen des Lebens besser meistern: Fachleute aus Psychotherapie und Beratung geben Wissen, Rat und Lösungsvorschläge aus ihrer Erfahrung weiter – kompetent, verständlich und praxisnah.

Alle Bücher aus der Reihe ›Hilfe aus eigener Kraft‹ finden Sie unter:

www.klett-cotta.de/lebenshilfe

KLAUS BLASER

So bin ich – und du bist anders

Achtsam Grenzen setzen in Partnerschaft, Familie und Beruf

Klett-Cotta

MIX
Papier | Fördert gute Waldnutzung
FSC® C083411

Klett-Cotta
www.klett-cotta.de

Cover: Weiß-Freiburg GmbH
unter Verwendung einer Abbildung von © kupicoo/iStock by Getty Images
Illustrationen auf Seite 40 und 42: Shiva Asemi; https://shivaasemi.com
Abbildung auf Seite 19: Michelle Blaser
Gesetzt in den Tropen Studios, Leipzig
Gedruckt und gebunden von CPI – Clausen & Bosse, Leck
ISBN 978-3-608-86083-2
E-Book ISBN 978-3-608-12075-2
PDF-E-Book: ISBN 978-3-608-20625-8

Bibliografische Information der Deutschen Nationalbibliothek
Die Deutsche Nationalbibliothek verzeichnet diese Publikationin der Deutschen Nationalbibliografie; detaillierte bibliografische
Daten sind im Internet über http://dnb.d-nb.de abrufbar

Inhalt

Ohne Grenze bin ich nirgends

Ich danke Elisabeth Gschwind, die das Manuskript korrigiert, die Texterfassung gemacht und auch sonst meinem Buch große Aufmerksamkeit geschenkt hat. Gerne danke ich auch Hanno Niemeyer und Daniel von Orelli, die mir mit wichtigen Hinweisen geholfen haben und mir mit freundschaftlicher Unterstützung zur Seite gestanden sind. Meinen Eltern, die mich in die Welt hinausbegleitet und großgezogen haben, sei dieses Buch in liebevoller Verehrung gewidmet.

Aus Gründen der besseren Lesbarkeit wird bei Personenbezeichnungen und personenbezogenen Substantiven in diesem Buch die männliche oder weibliche Form verwendet. Entsprechende Begriffe gelten im Sinne der Gleichbehandlung grundsätzlich für alle Geschlechter. Die verkürzte Sprachform hat nur redaktionelle Gründe und beinhaltet keine Wertung.

Vorwort

Seit dieses Buch vor 15 Jahren erstmals erschienen ist, hat sich in der Öffentlichkeit ein zunehmendes Bewusstsein in Bezug auf das Thema Grenzen entwickelt.

Denken wir an Grenzen, denken wir primär an Schutz und an Trennung. Doch Grenze ist eine Grundkategorie der conditio humana, eine universale, unabdingbare Voraussetzung beim Wahrnehmen und Bezeichnen, beim Denken und Handeln (Demandt 2020). Begrenzung ermöglicht die Erkenntnis von Formen und Gestalten. Überall da, wo Unterscheidung erforderlich ist: Wo beginnt das andere? Überall da, wo Trennung erfolgt: Wo liegt die Scheidelinie? Überall da, wo Steigerung möglich ist: von wo aus bis wohin? Überall da, wo Verneinung geschieht: Wie weit gilt ein Begriff? Da wird eine Grenze vorgefunden, vermutet oder gesetzt (Demandt 2020).

Schauen wir auf das vergangene Dezennium zurück, sehen wir, dass Staats- und Landesgrenzen zu heftigen Disputen und viel Leid geführt haben. Denken wir nur an die Migrationsdiskussionen von 2015 zurück oder an die politischen Debatten über die amerikanisch-mexikanische Grenze. Seit Februar 2022, als die ukrainische Landesgrenze unerlaubt militärisch überschritten wurde, werden wir in den Medien fast stündlich mit den Konsequenzen konfrontiert.

Auf zellulärer Ebene haben wir in den letzten drei Jahren zu spüren bekommen, wie das Eindringen eines Virus' in die menschliche Zelle, trotz schutzgebender Membranen, fähig ist, die Welt auf den Kopf zu stellen. Das Coronavirus hat sich über alle Landesgrenzen hinaus pandemisch ausgebreitet und Politiker und Gesundheitssysteme an ihre Grenzen gebracht. Wir wurden plötzlich mit der eigenen, unausweichlich letzten Lebensgrenze im Abendjournal, in den »breaking news« konfrontiert. Hygienemaßnahmen, Lockdowns und Impfungen zeigten gnadenlos die Grenzen der Gesellschaft auf.

Doch auch die mentalen Grenzen standen in den letzten Jahren immer wieder im Mittelpunkt. Die »MeToo«-Bewegung sorgte für ein Umdenken und auch die »Black Lives Matter«-Bewegung führte zu einer Grenzverschiebung. Auch im Genderbereich scheinen wir gesellschaftlich in eine neue Phase eingetreten zu sein, in der Grenzen neu abgesteckt werden müssen. Bei der »Fridays for Future«-Bewegung geht es ebenfalls um Grenzen, die Grenzen der Flora und Fauna, des Wirtschaftswachstums, der Klimaerwärmung, der Umweltverschmutzung durch Nanoplastikpartikel usw. Es sind alles neue Grenzen, mit denen wir einen Umgang finden müssen.

Dieses Buch geht mit einem räumlichen zwischenmenschlichen Grenzmodell neue Wege und zeigt, dass jeder von uns einen eigenen psychischen Innenraum besitzt, den es zu schützen, zu pflegen und zu genießen gilt. Seit der Ersterscheinung des Buches hat sich das »Self-Boundary Awareness«-Konzept stark weiterentwickelt (Hinterberger et al. 2014; Blaser 2015; Blaser 2017). Ein 8-wöchiges Training zur Stärkung der eigenen Grenzen wurde ausgearbeitet, das inzwischen in mehreren Ländern angeboten wird (Blaser & Buchli 2017; Blaser 2020). Für Professionals im therapeutischen, pädagogischen und im Coaching-Bereich wurde eine spezielle Ausbildung aufgebaut (siehe u. a. www.horizologie.ch). Das Curriculum besteht aus drei masterclasses, eine vierte bietet die Möglichkeit zur Teacherausbildung an. Mit den dreidimensionalen Grenzvisualisierungen (Blaser 2014) wurden wichtige Erfahrungen gesammelt, und es wurden vor allem im Bereich der Traumatherapie erstaunliche Heilungsprozesse ermöglicht (Blaser 2011). Mit der sogenannten »vertikalen« dreidimensionalen Grenzvisualisierung wurde die Methode um eine transzendente Ebene erweitert (Blaser 2023). Dies konnte in einer kürzlich in *Psychology and Consciousness* veröffentlichten Studie aufgezeigt werden (Sohst et al. 2022).

Im vorliegenden Buch erhält der Leser mit der »Analogie des Inneren Gartens« eine neue Sprache, mit der interpersonelle Grenzdynamiken sichtbar und sagbar gemacht werden können. Es hat sich gezeigt, dass schon Kinder im Alter von fünf Jahren diese Sprache verstehen und lernen können. Die Kommunikation innerhalb des Familiensystems kann damit erheblich vereinfacht werden.

Nun wünsche ich Ihnen bei der Entdeckung dieser Grenzsprache viel Freude und viele neue Erkenntnisse. Das Thema der Ich-Grenze ist aktueller denn je.

Basel, im Oktober 2022

Möchten Sie mehr wissen und erfahren oder wollen Sie mir eine Rückmeldung geben oder eine Frage stellen, dann nehmen Sie über die Website www.horizologie.ch oder meine E-Mail-Adresse (info@horizologie.ch) mit mir Kontakt auf.

Einleitung

Müde und ausgelaugt kommen Sie nach Hause. Ein aufmunterndes Wort des Partners genügt, und schon sind Sie wieder frisch und fröhlich.

Ihre Freundin möchte Ihnen etwas ganz Persönliches anvertrauen. Sie öffnen sich, hören zu und fühlen sich nach dem Gespräch erschöpft und schwer.

Ihr Ehemann klopft an ihre Zimmertür und fragt, ob es erlaubt sei einzutreten. Er möchte sich für sein Verhalten am Vorabend entschuldigen. Seine Entschuldigung ist Balsam für Ihre Seele.

Ihr Freund stellt Ihnen eine Frage. Seine Frage löst bei Ihnen ein mulmiges Gefühl im Bauch aus. Gereizt versuchen Sie, ihm auszuweichen.

Ihr direkter Vorgesetzter gibt Ihnen eine kritische Rückmeldung. Sie stellen fest, dass etwas Eigenes, dem Chef Zugehöriges mitschwingt, etwas, das nichts mit einer objektiven Aussage zu tun hat. Eine Mischung von Wut und Machtlosigkeit wird spürbar.

Ein Freund erzählt Ihnen eine Anekdote. Sie lachen über seine lustige Geschichte und spüren eine unbeschwerte Leichtigkeit.

Wir reagieren auf unsere Mitmenschen, ohne uns bewusst zu sein, was genau sich im zwischenmenschlichen Bereich abspielt. Unsere Gefühle im Beisein von Dritten wechseln von einer Minute zur anderen, bewegen sich zwischen Extremen hin und her oder wiederholen sich, ohne dass wir uns darüber im Klaren sind, welchen Mechanismen sie dabei folgen. Wir glauben, machtlos der Beziehungsdynamik ausgeliefert zu sein oder versuchen verzweifelt, die Beziehung zu steuern, ohne dass die gewünschte Änderung eintritt.

Das vorliegende Buch soll Ihnen helfen zu verstehen, was zwischen Ihnen und Ihrem Kind, Partner oder Mitarbeiterin abläuft. Eigene Reaktionsformen werden nachvollziehbar und können bewusst geändert werden. Eigenes Agieren wird konstruktiv. Sie werden auf eine neue Weise die Beziehung friedvoll gestalten lernen und werden nicht mehr hilflos unklaren Wechselwirkungen ausgesetzt sein. Nicht nur rückwirkend werden Sie Beziehungsereignisse logisch rekonstruieren können, sondern, was noch viel wichtiger ist, im Moment selbst, im Augenblick des Geschehens, wird Ihnen bewusst, was zwischen Ihnen und Ihrem Gegenüber vor sich geht.

Beziehungen prägen das Leben. Beziehungen leben heißt, das Leben leben. Wir haben Beziehungen, die dauern fast ein ganzes Leben; Eltern – Kinder, Bruder – Schwester, Cousin – Cousine. Andere dauern meist viele Jahre: Ehe, Partnerschaft, Freundschaften. Manche Beziehungen hingegen sind flüchtig, sind zufällige Begegnungen, kurze Affären, Kundenkontakte.

Beziehungen werden bestimmt durch unsere Selbstwahrnehmung und die Wahrnehmung des Du. Wir können uns auf verschiedene Weisen selbst wahrnehmen, z. B. indem wir über unser Verhalten reflektieren, ein Tagebuch führen oder mit einer guten Freundin, einem guten Freund eine Situation besprechen. In diesem Buch steht die Selbstwahrnehmung »Im Jetzt« im Vordergrund. Wie gelingt es uns, im Moment der Zweisamkeit uns unserer Gefühle bewusst zu werden? Wie können wir achtsam sein und gleichzeitig mit einem Mitmenschen in Beziehung treten? Wir werden der Frage nachgehen, wie es uns gelingen kann, mit Achtsamkeit eine freudvolle Beziehung zu gestalten.

Wenn wir »bei uns« sind, gesammelt sind, sind wir uns unserer Grenzen bewusst und erleben gleichzeitig, was sich innerhalb dieser Grenzen abspielt. Dies bedeutet, es gibt einen inneren Raum, in dem ein Teil der Beziehung gelebt wird. In diesem psychischen Innenraum finden Austausch, Neuordnung, Entfaltung und Wachstum statt, die für unser Wohlbefinden und unsere Entwicklung entscheidend sind. In diesem Raum, der auch mit einem lebendigen, sich immer wandelnden Garten verglichen werden kann, finden Gefühle einen Platz, können Erfahrungen wachsen, werden Bilder sichtbar, werden Aufgaben spürbar und bekommen Ansichten einen Standort. Im Reich unserer Gefühle, im Land unserer Erfahrungen dürfen wir König sein. Unsere

Sicherheit, unsere Geborgenheit, unser Austausch mit der Umwelt und unsere innere Größe, wird durch die Umzäunung, die Abgrenzung dieses Raums bestimmt.

Wir wissen alle, dass wir eine eigene Grenze haben. Wir sagen: »Er war grenzüberschreitend, ich stoße an meine Grenzen, ihr Verhalten war im Grenzbereich, sein Ehrgeiz ist grenzenlos, ihr Benehmen war grenzverletzend.« Aber wo ist meine Grenze, wie hoch ist der Zaun? Ist meine Grenze durchlässig, ist sie von außen klar sichtbar, gibt es Grenzsteine oder einen eindeutigen Eingang?

»Deine neue Brille macht dich viele Jahre älter«, sagt die Kollegin zur Begrüßung. Im Magen zieht sich etwas zusammen.

»Jetzt kommen auch Sie noch zu spät, können Sie nicht pünktlich sein?«, begrüßt Sie Ihr sonst freundlicher Zahnarzt. »Sie sind heute schon der Dritte, der zu spät kommt.« Sie spüren Wut aufkommen und möchten am liebsten auf der Stelle die Praxis verlassen. Dann setzen Sie sich mit angespannter Nackenmuskulatur auf den Stuhl und denken: Bisher hat er ja gute Arbeit geleistet.

»Darf ich fragen, wie oft du Sex hattest mit deinem früheren Partner?«, fragt Sie Ihr neuer Freund bei einem gemütlichen Abendessen. Sie spüren eine Wärme im Gesicht hochsteigen, denken, ich will ja keine Geheimnisse vor ihm haben und sagen: »Einmal in der Woche«. Kaum haben Sie geantwortet, fühlen Sie eine Enge im Brustkorb und haben Mühe, richtig durchatmen zu können.

»Jetzt stell dich nicht so doof an«, sagen Sie zu Ihrem fünfjährigen Sohn, »benimm dich nicht wie ein kleines Baby.« Sie spüren, wie Ihre Beine zittrig werden, der Junge beginnt laut zu weinen.

Die Beispiele spielen sich alle im Grenzbereich ab. Sie zeigen, wie schnell wir, ohne dass wir groß darüber nachdenken, in diese empfindliche Zone gelangen.

Dieses Buch beschreibt die Grenzen zwischen Mein und Dein, definiert, was mir gehört und was zu dir gehört, und schildert die trennende Linie zwischen meinem Inneren und meinem Äußeren. Es zeigt, dass wir uns schützen und uns wehren dürfen. Das Buch legt dar, wie wir unerwünschten Grenzüberschreitungen vorbeugen können. Sobald wir uns unserer Grenzen bewusstwerden, werden sich unsere Beziehungen in einem positiven Sinn ändern. Die erhöhte Achtsamkeit wird uns helfen, die eigene und die Grenze des anderen genauer zu spüren. Wir werden sorgfältiger miteinander umgehen und mit wachem Sinn dem eigenen Raum und dem Raum des Anderen Beachtung schenken.

»Man kann nicht nicht kommunizieren«, lautet ein berühmter Satz von Paul Watzlawick (Watzlawick 2000). Wie wäre nicht zu kommunizieren auch möglich, wenn jedes Wort, jedes Schweigen, jeder Blick, jede Haltung, jede Berührung gedeutet werden kann als eine bewusste oder unbewusste Botschaft? Wir werden ein Kommunikationsmodell kennenlernen, in welchem der unbewusste zwischenmenschliche Austausch zum bewussten Auswechseln von Bildern, Erfahrungen, Gefühlen, Ansichten, Aufgaben und Verantwortung wird. Wir werden den Austausch aufschlüsseln, wie er uns bekannt ist von den E-Mails: empfangen, senden und weiterleiten.

Ich lade Sie ein, mit mir auf eine Entdeckungsreise zu gehen, bei der Sie Achtsamkeit üben können, Kenntnisse darüber erwerben, wie Sie Ihren Blick nach innen verfeinern können, und wo Sie lernen, wie Ihre Grenze Ihnen Glück bereiten kann, wie Sie mit Achtung und Sorgfalt Ihr Gegenüber wahrnehmen, und wie ein freudvoller, zwischenmenschlicher Austausch möglich sein kann.

Kapitel 1
Achtsamkeit üben

Über Achtsamkeit ist schon vieles gesagt worden. Jeder von uns versteht etwas anderes darunter. Dies ist nicht nur vom Individuum abhängig, vom Zeitpunkt oder von der Kultur, in der wir aufgewachsen sind, sondern vor allem von den Erfahrungen, die wir gemacht haben, wenn wir einfach ganz im Einklang sein durften mit unseren Mitmenschen und unserer Umgebung.

Eine achtsame Begegnung ist möglich, wenn ich ohne Absicht bin, ohne Ängste, ohne Agenda, wenn ich in der Unmittelbarkeit des Augenblicks das wahrnehme, was da ist, bei mir und beim Gegenüber; wenn ich mich öffne für das, was stattfindet zwischen mir und dir. Unser Gewahrsein für die jetzige Begegnung verstärkt den achtsamen zwischenmenschlichen Austausch. Damit verlassen wir die Ebene der Vorurteile und der moralischen Bewertungen und begeben uns auf die Ebene der gleichwertigen Begegnung zweier Menschen. So rücken liebevolle Zuwendung, Nichtverletzen, Gewaltfreiheit ins Zentrum der Wahrnehmung, und das Vertrauen in die eigenen Erkenntnisse und Erfahrungen bekommt einen neuen Platz. Achtsamkeit erfordert eine empfindsame Besonnenheit, eine Bereitschaft, jede Erfahrung aufzunehmen und dann loszulassen. Achtsamkeit ist nicht so sehr ein »Tun« als vielmehr ein »Dabeisein«, das dem effektiven Tun vorausgeht (Gilligan 1999).

Wenn ich bewusst entgegenkommend bin, niemanden wissentlich verletze, absichtlich nicht urteile, wenn ich meine Wortwahl und meine Stimme kontrolliere, was kann ich darüber hinaus noch mehr tun?

Thich Nhat Hanh, einer der bedeutendsten Meditationsmeister unserer Zeit, äußert sich in *Zeiten der Achtsamkeit* zum »achtsamen Essen«. Wenn ich »essen« ersetze durch »sprechen«, »kommunizieren« oder »austauschen«, bekomme ich eine leicht abgeänderte, verkürzte, aber sinngemäße Darstellung seines »achtsamen Essens«. Diese Übersetzung gibt uns eine gute Möglichkeit, sich von einem achtsamen Zusammensein ein Bild zu machen.

Warum sprechen wir miteinander? Wir sprechen, weil wir sprechen. Der Sinn des Sprechens besteht im Sprechen.

Bewusst und achtsam reden können wir erst dann, wenn wir den Fernseher ausschalten, die Zeitung beiseitelegen und uns freimachen von dem, was noch getan werden muss. Thich Nhat Hanh empfiehlt dazu eine Atemübung: »Ich atme ein und entspanne meinen Körper, ich atme aus und lächle.« Diese Übung kann uns wieder ins Gleichgewicht bringen. Beim Ein- und Ausatmen schauen wir den anderen an und nehmen zu uns selbst und zum anderen Verbindung auf. Wir brauchen nicht unbedingt mehrere Stunden Zeit, um einen anderen Menschen wahrzunehmen. Ein paar Sekunden reichen aus. Wir bieten dem anderen mit unserem Lächeln ein aufrichtiges Verständnis an.

Wir werden uns bewusst, dass jetzt ein Austausch zwischen zwei Menschen stattfindet, dass dieser Austausch einzigartig ist und sich nie mehr wiederholen wird. Wir freuen uns auf diesen Kontakt, auf diese Gelegenheit, uns mit diesem Menschen austauschen zu dürfen. Durch dieses achtsame Tun entwickeln wir Mitgefühl und Verständnis für andere Menschen. Um unsere Achtsamkeit während des Gesprächs zu verstärken, sollten wir von Zeit zu Zeit einmal schweigen. Bei diesen stillen Momenten fühlen wir uns vielleicht ein wenig unbehaglich, aber wenn wir uns daran gewöhnt haben, werden wir erkennen, dass wir viel ruhiger und glücklicher sind. Wir sind still, damit wir das Gespräch, unser Zentriert-Sein und die Anwesenheit des anderen Menschen genießen können.

Viele von uns denken während des Gesprächs an ganz andere Dinge, beispielsweise daran, was sie anschließend noch erledigen müssen. Das bedeutet, dass wir den gegenwärtigen Augenblick und auch das Gespräch nicht wahrgenommen haben. Dann könnten wir uns etwa sagen: »Dies ist ein schönes Gespräch, nicht wahr?« Mit diesem einfachen Satz führen wir uns von den entfernten Gedanken weg und bringen uns wieder ins Hier und Jetzt zurück, wo wir das Zusammensein genießen können!

So habe ich versucht, die vom Meditationsmeister Thich Nhat Hanh mit einfachen Worten formulierten Empfehlungen zum achtsamen Essen auf das Gebiet des Gesprächs und des Zusammenseins anzuwenden. Vieles scheint für uns ungewöhnlich, waren doch bisher oft Effizienz, Zielorientiertheit, Erfolg, Überzeugungskraft, Mitteilungsbedürfnis die wichtigsten Richtlinien unseres Sprechens. Die achtsame Kommunikation ist eine langsame Sprache. Das Erlernen dieser Sprache braucht Zeit und Übung und schenkt uns von Anfang an eine ungeahnte innere Klarheit. Sie bietet uns Gelegenheit, Raum zu schaffen für Neues, Wachsendes, Wandelndes und Wunderbares.

Kapitel 2
Unser psychischer Innenraum

Wir Menschen haben einen privaten Innenraum mit Erfahrungen und Gefühlen, mit einer Grenze nach innen und nach außen. Dieser Raum, die Grenze, der Inhalt dieses Raums und der Austausch zwischen der Innen- und Außenwelt spielt eine maßgebliche Rolle in unseren Beziehungen. In diesem Kapitel werden wir die bedeutsamsten Bestandteile dieses psychischen Raums genauer kennenlernen. Nicht nur Erfahrungen und Gefühle, sondern auch Bilder, Ansichten, Aufgaben und Verantwortung haben sich als die elementaren Beziehungsbausteine gezeigt. Sie werden bewusst oder unbewusst ausgewechselt, und sie bestimmen unser Zusammensein.

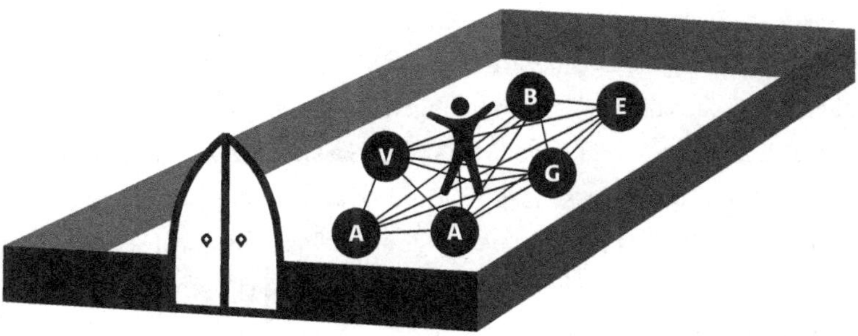

Abbildung 1: Der psychische Innenraum mit seinen Beziehungsbausteinen. B = Bilder, E = Erfahrung, G = Gefühle, A = Ansichten, A = Aufgaben, V = Verantwortungabb1

Diese Teile im privaten Innenraum haben Sie vielleicht bisher Persönlichkeit oder Charakter genannt, haben Sie als ganz eigenes, vielleicht als etwas Stabiles empfunden. Wir werden sehen, dass diese Teile ein lebendiges dynamisches System bilden, das nicht nur durch das »Ich«, sondern auch von außen beeinflusst werden kann. Gefühle, Bilder, Erfahrungen, Aufgaben, Ansichten und Verantwortung sind irgendwie direkt oder indirekt miteinander verbunden (siehe Abbildung 1). abb1

Unsere Gefühle werden durch unsere Erfahrungen mitgeprägt, werden durch unsere Ansichten wesentlich beeinflusst. Erfahrungen nehmen Einfluss auf unsere Bilder, ändern Aufgaben und wandeln andere Bereiche, wie z. B. Verantwortung. Ohne alle Verbindungsmöglichkeiten einzeln zu betrachten, sehen wir, dass Bilder, Erfahrungen, Gefühle, Ansichten, Aufgaben und Verantwortung auf die eine oder andere Weise miteinander verbunden sind. Dieser Beziehungsbausteine sind wir uns nur selten bewusst und noch weniger machen wir uns Gedanken, wo sie sich befinden und wie wir sie austauschen können. Wir können uns vorstellen, dass sie sich in einem uns zugehörigen Raum befinden. Nachstehend möchte ich Ihnen eine Imaginationsübung vorstellen, mit deren Hilfe Sie mit Ihrem psychischen Innenraum in Kontakt treten können. Diesen Innenraum können Sie sich auch wie einen Garten vorstellen, ein Garten, in dem Blumen, Pflanzen und Bäume Gefühle, Erfahrungen, Bilder, Ansichten, Aufgaben und Verantwortung repräsentieren.

Suchen Sie einen Ort, wo Sie sich bequem hinsetzen und entspannen können. Machen Sie einige Atemübungen, solche, die Sie zur inneren Ruhe führen. Schließen Sie die Augen und stellen Sie sich jetzt vor, dass Sie in Ihrem Garten stehen. Lassen Sie alle Gefühle aufkommen und schauen Sie die Bilder an, die vor Ihrem inneren Auge erscheinen. Vielleicht sehen Sie eine Wiese mit wunderschönen alten Bäumen, vielleicht sehen Sie einen Rosengarten mit fröhlichen roten, gelben und weißen Blumen, möglicherweise sehen Sie einen Gemüsegarten oder einen Sitzplatz mit weißen Gartenmöbeln. Es kann aber auch sein, dass Ihr Garten verwahrlost ist. Vor einer schmutzigen, dunklen Mauer liegen Abfallsäcke, irgendwo verschwindet eine Ratte in einem Loch. Es riecht nicht gut, es regnet und Sie fühlen sich sehr unwohl. Am liebsten möchten Sie diesen Ort so schnell wie möglich verlassen. Es kann sein, dass Sie schon jetzt dieses Bild deuten können, dass Sie bereits jetzt verstehen, was dieses Bild über Ihren Gemütszustand, über Ihre Identität, über Ihr »Selbst« aussagt.

Wenn Sie bei sich selbst sind, in Ihrem Garten sind, ob dieser grün, einladend freundlich und gut gepflegt ist oder verwildert und heruntergekommen, sind Sie in Ihrer Mitte, sind Sie gesammelt, sind Sie zentriert. Achtsam sein heißt in unserem Bild, dass Sie sich in Ihrem psychischen Innenraum bewusst aufhalten, umgeben von Gefühlen, Erfahrungen, Ansichten, Bildern, Verantwortung und Aufgaben.

Indem wir unseren Blick nach innen richten, werden wir uns unserer Gefühle bewusst, tauchen verloren gegangene Bilder wieder auf, werden Erfahrungen in Erinnerung gerufen. Hinschauen heißt, dem Eigenen zustimmen, das Eigene annehmen. Durch die Anerkennung der in unserem Raum sichtbar gewordenen Beziehungsbausteine erhalten wir die Führung über unser Selbst wieder zurück. Wie wir noch sehen werden, können wir störenden Erfahrungen einen weniger dominanten Platz zuweisen, fremde Gefühle zurückgeben oder lieb gewonnene Aufgaben pflegen. Weil wir – umgeben von unseren Bildern, Erfahrungen, Gefühlen, Ansichten, Aufgaben und von unserer Verantwortung – uns wohlfühlen, lernen wir, wieder freier und unabhängiger zu sein. Dadurch steigen auch unser Selbstwertgefühl und unsere Beziehungsfähigkeit. Im Bewusstsein des eigenen Habens und Seins können wir das Gegenüber begrüßen und uns dem Du widmen und einladend die Mitmenschen willkommen heißen.

Ich weiß nicht, ob während der vorherigen Imaginationsübung die Grenze, der Gartenzaun schon sichtbar geworden ist. Unsere psychische Abgrenzung sagt einerseits etwas darüber aus, wie wir unseren Innenraum schützen oder schützen können und andererseits, wie wir mit der Außenwelt in Verbindung stehen. Der Austausch von außen nach innen und von innen nach außen wird durch unsere Abgrenzung bestimmt. Eine zusätzliche Möglichkeit, die das ganze Bild etwas komplizierter macht, besteht darin, dass wir im Gegensatz zu den Tieren unseren Raum mit unserem Aufmerksamkeitsstandort verlassen und fremde persönliche Räume besuchen können oder uns im Bereich zwischen den individuellen Räumlichkeiten aufhalten können. Alle diese verschiedenen Möglichkeiten werden wir noch anhand von Beispielen genauer untersuchen.

Interessant ist, dass unserem Körper in diesem Modell eine sehr wichtige Rolle zuteilwird: Unser Körper wird zum Sinnesorgan, das ganz genau wahrnimmt und weiterleitet, was in unserem Innenraum vor sich geht.

Unser Körper zeigt sehr präzise an, ob und wo in unserem psychischen Innenraum etwas passiert. Er signalisiert, ob ein freundlicher Gast oder ein unerwünschter Besucher hereinschaut. Der Körper reagiert auf Veränderungen, die für unseren Innenraum wohltuend sind. In der Einleitung wurden einige dieser Körperreaktionen beschrieben wie: zitternde Beine, aufsteigende Wärme im Gesicht, Verspannen der Nackenmuskulatur, plötzlich auftretende Müdigkeit, mulmiges Gefühl im Bauch. Ein Bewusstwerden dieser Körperreaktionen ermöglicht uns zu verstehen, was zwischenmenschlich abläuft und bietet uns die Gelegenheit, adäquat zu reagieren. Das Ernstnehmen der Körpersignale hilft uns, uns zu schützen und uns gegenüber anderen respektvoll zu verhalten. Der Körper lebt die Wechselwirkung in einer Situation und weiß oft mehr über die Gegebenheiten, als uns bewusst ist.

Das sorgfältige Wahrnehmen des eigenen Körpers bedingt eine Achtsamkeit, ein achtsames Zuhören oder ein achtsames Hineinhorchen. Das Hineinhorchen ist vom Körper aus gesehen ein Hinausblicken in den eigenen psychischen Innenraum. Achtsames Beisammensein heißt, dass wir unsere Aufmerksamkeit nach innen (in unseren Körper), in uns selbst (in unseren Raum mit unseren Gefühlen, Bildern und Erfahrungen) und nach außen (das Gegenüber, den anderen Raum) richten. Dieses aufmerksame Wahrnehmen können wir trainieren. Es schenkt uns ein neues Beziehungsbewusstsein.

Kapitel 3
Wie Ich-Fremdes von mir erkannt wird

Weil wir mit unserer Umgebung in Kontakt sind und weil ein Austausch stattfindet zwischen der Außenwelt und unserer Innenwelt, geschieht es häufig, dass ein Gefühl, ein Bild oder auch eine Ansicht in unseren Innenraum gelangt, ohne dass wir uns dessen bewusst sind.

Dabei bemerken wir weder, wie Fremdes in unseren Raum eindringt, noch wie lange es bleibt. So kommt es, dass eigene Gefühle und fremde Gefühle, z. B. eine eigene und eine fremde Wut, sich in unserem psychischen Innenraum aufhalten und als ein einziges Gefühl, eine einzige Wut, wahrgenommen werden. Da uns diese Dynamik nicht bewusst ist, sind wir nicht in der Lage, die zwei Gefühle als verschieden und jeweils eigenständig zu erkennen. Trauen wir uns, unsere Gefühle, vor allem auch die unangenehmen, genau anzuschauen und haben wir Kenntnis von diesem Gefühlsaustausch, dann können wir auch Jahre nach Aneignung dieser Gefühle die eigenen von den fremden Gefühlen unterscheiden.

»*Imke ist eine 32-jährige Frau, die in die Sprechstunde kam, weil sie unkontrollierte Wutanfälle hatte. Es sei ein Wunder, dass sie noch nie jemanden dabei verletzt habe. Sie habe vor einem halben Jahr ihre zweijährige Beziehung zu einem 34-jährigen Mann beendet, weil sie ihn schützen wollte vor ihren Wutausbrüchen. Die Zornanfälle kamen plötzlich, steigerten sich und äußerten sich durch Schreien, Schimpfen, Demütigen des Gegenübers sowie manchmal auch durch Herumwerfen von Gegenständen. Nach der Wutentladung war sie immer völlig erschöpft, weinte stundenlang und bereute ihre Taten. Ihr Freund war am Ende seiner Kräfte und wusste nicht mehr weiter. Gemeinsam mit ihrem Therapeuten suchte sie zuerst in der Beziehung zum Exfreund nach einer Ursache. Doch der Mann, der selbst selten aufgebracht war, gab ihr keinen Grund für ihr Verhalten. Ihr Benehmen war ihm gegenüber nicht angemessen und völlig fehl am Platz, wie sie selber eingestand. Es zeigte sich, dass sie als Kind vom Vater, der unter Alkoholeinfluss jähzornig wurde, öfter grundlos beschimpft worden war. Von ihrer Mutter wurde sie gelegentlich als »dummes Huhn« oder »Hure« verunglimpft. Im Verlauf der Therapie wurde es Imke immer deutlicher, dass ihre Wut nicht einfach eine große, schwere Masse war, die sie Wut nannte, sondern dass dieser Zorn aufgeteilt werden konnte in drei Einheiten. Ein Teil gehörte ursprünglich ihrem Vater, der andere gehörte früher ihrer Mutter und der dritte Teil war ihr eigener Zorn. Sie konnte nicht nur die Wut unterteilen, sondern auch ganz klar die verschiedenen Qualitäten der drei »Wutarten« unterscheiden. In einer therapeutischen Sitzung, wo sie die fremden Teile des Zorns der Mutter, respektive dem Vater zurückgab (wir werden später noch darauf zurückkommen), fand eine Art Heilung statt. Mit der übrig gebliebenen eigenen Wut kann sie jetzt bestens umgehen, so versicherte sie dem Therapeuten später. Sie habe ihrer Wut jetzt einen guten Platz gegeben, und vielleicht werde sie diese eines Tages auf eine gute Art nutzen können.*

Wie dieses Beispiel zeigt, war Imke verzweifelt, dass sie ihre Wut nicht verorten konnte. Sie ahnte, dass da etwas in Ordnung gebracht werden musste. Obwohl sie irgendwie wusste, dass ihr Zorn zum größten Teil nicht ihr eigener war, konnte sie diese Vermutung nicht benennen und vor allem auch nichts damit anfangen.

Die meisten von uns haben wahrscheinlich Gefühle im eigenen Innenraum, die nicht die eigenen sind, die irgendwann irgendwo dort hinterlassen wurden. Dies sind die Gefühle, die keinen Sinn machen, die in der Situation nicht adäquat sind, nicht angebracht sind, uns überfluten, uns blockieren oder machtlos machen. Diese Gefühle wollen wir begreifen. Wir alle kennen das Verlangen, Gefühle verstehen zu wollen. Es sind vor allem die ich-fremden Gefühle, die uns zu diesem Wunsch leiten. Mit den eigenen Gefühlen sind wir meistens im Einklang, die brauchen wir nicht zu erklären. Dem Bedürfnis, Gefühle nachvollziehen zu wollen, begegnen wir z. B. häufig bei der Angst. Unerklärliche Ängste sind oft übernommene oder bei uns deponierte Gefühle, machen also für uns keinen Sinn, sind in unserer Biographie ein Fremdkörper und somit störend.

»*Lilian bekannte, dass sie, obwohl sie politisch gegen Ausländerfeindlichkeit sehr engagiert war, immer wieder einen Fremdenhass verspürte. Sie musste diese Gefühle aktiv unterdrücken und merkte, wie auch Angst aufkam, jemand könne diese Gefühle bei ihr entdecken. Wenn sie einen fremdenfeindlichen Artikel las, freute sie sich heimlich darüber und schämte sich anschließend. Ihr Kopf und Herz sagten klar, alle Menschen sind gleich wertvoll und sollten gleich behandelt werden. Die Herkunft dieser unsinnigen Gefühle konnte relativ einfach lokalisiert werden. Ihr Vater war während des zweiten Weltkriegs bei den Nazis NSDAP-Mitglied und aktiv an der Judenverfolgung beteiligt gewesen. Als sie den Zusammenhang erkannte und sich auch eingestehen durfte, dass diese Gefühle zum Vater gehören, war sie erleichtert. Es gelang ihr jetzt, z. B. über Immigrationsfragen unbeschwert zu diskutieren.*

Gefühle, die man loswerden will, sind ebenfalls meistens Gefühle, die ich-fremd sind. Die Gefühle, die zu uns gehören, können wir selber tragen, diese brauchen wir nicht abzuschütteln. Oft ist es uns gar nicht bewusst, dass wir mit unserem Verhalten versuchen, Gefühle bei anderen loszuwerden, obwohl es durchaus verständlich ist, dass wir uns von den ich-fremden Gefühlen befreien möchten. Weil wir das aber nicht auf adäquate Weise tun, werden sie von einem Territorium zum anderen weitergereicht, anstatt an die Person zurückgegeben zu werden, der sie angehören. Die »Projektion« ist ein Beispiel für die Gefühlsübertragung von Person A auf die Person B. Die Projektion erfolgt für den Projizierenden meistens unbewusst, kann von Therapeuten, aber auch von sogenannten Laien, als solche erkannt werden. Wenn jemand uns auf unser Projektionsverhalten aufmerksam macht, sollten wir dies ernst nehmen und dankbar sein für den Hinweis. So können wir mit dem Nachforschen beginnen, welche Gefühle wir projizieren und von wem wir diese Gefühle ursprünglich erhalten haben. Nur so kann das unbewusste Weiterreichen beendet werden.

Wir haben in diesem Kapitel vor allem auf die Gefühle Bezug genommen und werden uns jetzt noch kurz ein Beispiel aus dem Bereich der Ansichten anschauen. Es gibt einen schönen Spruch: »Hast du eine Meinung und du leidest darunter, dann hast du eine falsche Meinung«. Dieser Satz könnte jetzt modifiziert werden und dann folgendermaßen lauten: »Hast du eine Meinung und du leidest darunter, dann ist diese Meinung wahrscheinlich durch einen Fremden bei dir hinterlassen worden«.

Trennung der ich-fremden Ansichten von den eigenen Ansichten ist meistens einfacher als die Trennung der eigenen und ich-fremden Gefühle. Oft übernehmen wir die politischen, religiösen, moralischen Ansichten unserer Eltern und unseres Kulturkreises. Tausende Menschen verdienen ihr Geld mit dem Versuch, andere zu überzeugen, also ihre Ansichten in andere einzupflanzen. Die Werbebranche, die Medien, die Grafikdesigner, die Politiker usw., sie alle sind spezialisiert in der zwischenmenschlichen Ansichts- und Bilderweitergabe. Wenn wir darauf achten, können wir eine körperliche Reaktion wahrnehmen, wenn jemand ungewünscht versucht, seine Ansichten in unserem Territorium zu platzieren. Gut spürbar wird diese Weitergabe, wenn uns die Grenzüberschreitung bewusst wird. Eigentlich sollten wir den anderen immer um seine Erlaubnis bitten, wenn wir eine Meinung, beziehungsweise eine Ansicht, zu einem Thema äußern möchten. Wie wir später noch sehen werden, kann das Festlegen der Ansichtszugehörigkeit einen wichtigen Beitrag zur Konfliktlösung oder zumindest zur Konfliktmilderung leisten.

Unsere Sprache kann uns dabei helfen, zu einem frei uns selbst beobachtenden Individuum zu werden. Der Satz: »Ich bin wütend« hält uns oft davon ab oder verunmöglicht uns sogar durch die Identifikation mit der Wut, das Gefühl offen und mit Distanz anzuschauen. Erst wenn wir präzise hinschauen, und manchmal braucht es viel Mut dazu, können wir unterscheiden, ob ein Gefühl, in diesem Beispiel die Wut, uns oder einem anderen zugehörig ist. Der Satz »Ich bin wütend« erschwert dies. »Ich habe eine Wut« oder noch besser, »ich verspüre eine Wut«, vereinfacht das Hinschauen. Also: Nicht ich bin streitsüchtig, ich bin gereizt, ich bin ängstlich, ich bin hasserfüllt, ich bin frustriert, ich bin enttäuscht. Sondern: »Ich verspüre eine Erregung«, »ich fühle eine Lust zum Streiten«, »ich merke eine Gereiztheit«, »ich habe Angst«, »ich habe einen Hass in mir«, »ich nehme eine Frustration wahr«, »ich empfinde Enttäuschung«. Durch diese Formulierung komme ich mehr zu mir und gewinne andererseits eine Distanz zu den wahrgenommenen Gefühlen, die es mir ermöglicht, zum Beobachter der eigenen oder eben nicht eigenen Gefühle zu werden. Nur dann gelingt uns eine Zuordnung. In einem ersten Schritt können die Gefühle benannt, anerkannt und ihnen zugestimmt werden. Nach dieser Bejahung können wir sie als eigen oder ich-fremd identifizieren und – wenn es die eigenen sind – ihnen in unserem Raum einen angemessenen Platz geben.

Eine gute Übung, die uns in diesem Bereich weiterbringen kann, ist die folgende:

Fragen Sie sich zehn Mal pro Tag, wie geht es mir, welches Gefühl spüre ich jetzt und welche Körperempfindung nehme ich dabei wahr (Blaser 2015)? Benennen Sie die Gefühle und Körperwahrnehmungen und versuchen Sie, diese kurz zu beschreiben. Zum Beispiel: »Mir geht es gut, ich empfinde eine Ruhe in mir und fühle eine Entspannung im Nackenbereich«, oder: »Ich spüre eine Frustration und Enttäuschung, meine Schultermuskeln sind angespannt und meine Füße sind unruhig«. Auch wenn das Gefühl unangenehm ist, fügen Sie hinzu: »und das ist in Ordnung so«. Dieser letzte Satz ermöglicht es uns, unseren Gefühlen zuzustimmen und ihren momentanen Platz in unserem Innenraum anzuerkennen. Erst dann werden wir in der Lage sein, präzise hinschauen zu können und wahrzunehmen, wo der richtige Platz ist für dieses Gefühl.

Die Übung scheint auf den ersten Blick recht einfach zu sein. Erst wenn wir sie konsequent zehn Mal am Tag durchführen wollen, stellen wir fest, wie selten wir bei unseren Gefühlen bewusst stillstehen. In dem Moment, wo wir versuchen, unsere Gefühle wahrzunehmen, um sie zu benennen, sind wir in unserem Raum im Hier und Jetzt. Alleine, sitzend auf einem bequemen Stuhl, sich selber fragend, wie geht es mir, was fühle ich jetzt, ist einfacher, als sich diese Frage zu stellen, wenn wir im selben Moment eine Handlung ausüben. Noch schwieriger wird es, wenn wir versuchen, uns zu spüren und den Gefühlen einen Namen zu geben, wenn wir mit jemandem zusammen sind und uns unterhalten. Sind wir allein und trainieren diese Fertigkeit, dann schauen wir nur auf unseren Körper. Wenn wir aktiv sind, müssen wir uns auf die Tätigkeit und auf unseren Körper gleichzeitig konzentrieren. Sind wir achtsam, dann beachten wir uns physisch selbst, das Sprechen und den anderen.

Es ist offensichtlich, dass das Anerkennen von angenehmen Gefühlen relativ einfach ist. Gefühlen wie Angst, Wut oder Trauer zuzustimmen, kann zu Beginn schwierig sein. Nur wenn wir uns trauen, alle Gefühle und natürlich auch Bilder, Erfahrungen und Aufgaben anzuschauen und denen zuzustimmen, sind wir in der Lage festzustellen, ob sie uns zugehörig oder übernommen sind.

Auch gute und angenehme Gefühle können ich-fremd sein. Meistens sind diese ich-fremden wohltuenden Gefühle, Geschenke von Mitmenschen, die wir annehmen und genießen dürfen. Es wäre sinnlos, ein gutes Gefühl so schnell wie möglich loswerden zu wollen. Ein gutes Gefühl dürfen wir behalten oder später auch weiterschenken.

Kapitel 4
Behutsames Wahrnehmen

Wie nehmen wir das, was sich in unserem persönlichen Raum abspielt, wahr, wie nehmen wir die Verantwortung und Aufgaben wahr? In der Gehirnforschung gibt es kaum Untersuchungen, die sich mit einem »Verantwortungszentrum« im Gehirn befasst haben. Es ist auch noch nicht so lange her, dass die Gehirnforscher begonnen haben, Gefühle zu untersuchen. Damasio, ein berühmter Neurologe und Professor an der University of Southern California, schreibt in seinem Buch *Der Spinoza-Effekt*, dass Gefühle Wahrnehmungen sind und sich deshalb in gewisser Weise auch mit anderen Wahrnehmungen vergleichen lassen (Damasio 2003). Ähnlich wie beim Sehen, bei dem ein lebendes Wesen mit Flügeln, Federn, zwei Beinen und einem Schnabel, das sich fliegend durch die Luft bewegt, als Vogel eingeordnet wird, werden auch die Körperwahrnehmungen einem uns bekannten Gefühl zugeordnet. Bei diesen Körperbildern werden durch die Nervenaktivität Körperinformationen an bestimmte Regionen des Gehirns gesendet, welche die Körpersignale als Gefühle einordnen. Genau wie beim Sehen lässt sich ein Teil der uns bewussten Gefühle auf die im Gehirn angekommenen Körpersignale zurückführen, während ein anderer Teil der im Gehirn stattfindenden Konstruktion zuzuschreiben ist.

Damasio schreibt: »Doch es gibt einen Unterschied: Im Falle der Gefühle sind die Objekte und Ereignisse, die den Vorgang auslösen, innerhalb des Körpers und nicht außerhalb seiner Grenzen, dies im Gegensatz zum Sehen oder Hören«. In unserem Modell haben die Gefühle einen eigenen imaginären Raum, und wir können uns mit unserer Aufmerksamkeit darin frei bewegen. Je nach Ort und Blickrichtung kommen wir mit anderen Gefühlen in Kontakt.

Durch Selbstgewahrsein vergegenwärtigen wir unsere Gefühle. Anders ausgedrückt, wir nehmen unsere Gefühle mit unserem Körper wahr. Unser Körper ist ein großes Sinnesorgan, das auf Reize und Impulse aus unserem Innenraum und auf Informationen von außen reagiert. Unser Körper reagiert innerhalb von Sekundenbruchteilen auf eine Grenzüberschreitung mit Blutdruckerhöhung, Herzfrequenzanstieg, oberflächlicher Atmung, Zunahme der Muskelspannung usw. Alle diese Veränderungen werden durch Nerven registriert und dem Gehirn übermittelt, das alles zu einem Gefühlsbild zusammenfügt und interpretiert, z. B. dem Gefühl der Wut zuordnet. Neueste Untersuchungen haben gezeigt, dass wir im Gehirn spezialisierte Zentren für Gefühle haben, also für gefühlsspezifische Körperveränderungen. Es ist wahrscheinlich, dass unser Körper nicht nur das Sinnesorgan ist für die Gefühle, sondern auch in Bezug auf unsere Bilder, Erfahrungen, Ansichten, Aufgaben und Verantwortung eine wichtige sensorische Rolle spielt. Zudem kann er ziemlich sicher unterscheiden, ob unsere psychische Grenze überschritten wird, und ob die Bilder, Erfahrungen, Aufgaben und die Verantwortung zu uns gehören oder als Ich-fremd beurteilt werden müssen.

Neurobiologen haben sogar Hinweise gefunden, dass unsere Beziehungen direkt unsere Genaktivität beeinflussen können, indem sie für die Bildung neuer Synapsen erforderliche Proteine steuern können (Bauer 2002; Kandel 2006; Siegel & Hartzell 2004). Bei einer interessanten Untersuchung über die Unterscheidungsfähigkeit von fremden und eigenen Schmerzen gelang es dem Gehirnforscher Hutchinson zu zeigen, dass die Nerven einer bestimmten Hirnregion, des cingulären Cortex, aktiviert werden, wenn es um die emotionale Seite des Schmerzes geht. Er untersuchte Patienten, die sich wegen einer Erkrankung einer Gehirnoperation unterziehen mussten. Weil das Gehirn selbst nicht schmerzempfindlich ist, können Operationen am Gehirn beim wachen Patienten durchgeführt werden. Mit Erlaubnis des Patienten und der zuständigen Ethikkommission stach er dem Patienten und anschließend unter Beobachtung des Patienten sich selbst mit einer Nadel in die Fingerkuppe. Hierdurch konnte Hutchinson zeigen, dass bestimmte Nervenzellen des cingulären Cortex sowohl dann feuerten, wenn dem Patienten in die Fingerkuppe gestochen wurde als auch dann, wenn der Patient nur zuschaute, als Hutchinson sich in die eigene Fingerkuppe stach (Bauer 2002; Iacoboni et al. 1999). Es ist wahrscheinlich, da der Patient über das Experiment informiert und damit einverstanden war, dass er bereit war, das Schmerzgefühl des Chirurgen in seinem Innenraum zuzulassen. Interessant wäre auch, das gleiche Experiment bei jemandem durchzuführen, der bewusst versucht, das Schmerzgefühl des Chirurgen nicht in seinem Raum zuzulassen. Hierbei muss angemerkt werden, dass der zu operierende Patient möglicherweise unter diesen belastenden Bedingungen gar nicht im Stande wäre, sich gegen die Schmerzgefühlweitergabe zu wehren. Joachim Bauer, der diese Untersuchungen in seinem Buch *Das Gedächtnis des Körpers* erwähnt, betont, dass der Gyrus cinguli auch emotionale Qualitäten repräsentiert, die Empathie und emotionales Verstehen beinhalten. Wenn wir im Hirn beide Gefühle, den eigenen Schmerz und den Fremdschmerz, beim Fingerstechen zuordnen können, sind wir auch im Stande, das Fremde vom Eigenen zu unterscheiden.

1992 entdeckte G. Rizzolatti ein Nervenzellsystem, das er »Spiegelneuronen« nannte (mirror neurons), die den Säugling dazu befähigen, empfangene Signale aufzunehmen und durch Imitation zu spiegeln (Rizzolatti & Arbib1998; Rizzolatti et al. 2006). Interessant ist, dass die Imitation, vor allem im Bereich der Mimik, in Hand- und Körperbewegungen stattfindet. Dies könnte ein Hinweis darauf sein, dass wir wahrscheinlich oft Gefühle, Aufgaben und Ansichten über die eigenen Körperbewegungen und Mimik unbewusst weitergeben. Das Vermögen, intuitive Vorstellungen über die Gefühle eines anderen Menschen zu gewinnen, wird durch die neurobiologische Grundlage der Spiegelsysteme ermöglicht. (Carr et al. 2004; Decety & Chaminade 2003; Decety & Chaminade 2003b; Gallese 2003; Gallese et al. 2004; Jackson et al. 2005). Die Spiegelneuronen sind in der Lage, in uns jene Zustände zu erzeugen, die wir bei einer anderen Person wahrnehmen (Bauer 2005). Eine interessante Frage, die in unserem Zusammenhang wichtig sein könnte, ist: Wenn wir bereits als Kind früh lernen, mittels der Spiegelneuronen mit anderen Menschen mitzuschwingen, können wir dann auch die Aktivität der Spiegelneuronen umgehen oder abschalten?

Diese Spiegelneuronen werden für unser Mitgefühl mitverantwortlich gemacht. Mitgefühl setzt voraus, dass wir Fremdes von Eigenem unterscheiden können. Die Mitgefühlerkundung bildet zurzeit eines der brisantesten Themen in der Hirnforschung. Dies zeigt, wie aktuell auch aus wissenschaftlicher Sicht das hier vorgestellte Beziehungsmodell ist (Decety & Jackson 2004, Walach 2019). Für unser Überleben hat der Körper nicht nur ein geniales Immunsystem entwickelt, das Körperfremdes und Eigenes trennen kann, sondern auch ein ebenso geniales hochsensibles beziehungsorientiertes Sinnesorgan, das mit mehreren ihm zugeordneten Gehirnzentren verbunden, fremde und eigene Gefühle, Bilder, Erfahrungen, Aufgaben und Verantwortung unterscheiden kann.

Nach dieser kleinen Exkursion in das Reich der Gehirnforscher kehren wir zurück zu unserem privaten Gefühls- und Bilderraum. Es zeigt sich, dass unsere Körperwahrnehmung eine essenziell wichtige Rolle bei der Wahrnehmung unserer Grenzen spielt. Dies bedeutet, dass eine Schulung der Körperwahrnehmung und Interpretation zur Feststellung, ob jemand sich in unserem Grenzbereich aufhält, wesentlich ist. Es ist wahrscheinlich, dass Beziehungen und Körperlichkeit ganz eng miteinander verbunden sind. Wir reagieren mit unserem Körper auf den zwischenmenschlichen Austausch, und zwar wahrscheinlich auf jede Austauschform anders. Es zeigt sich, dass, wenn wir unserem Körper achtsam zuhören, wir die verschiedenen Austauschformen fehlerfrei wahrnehmen können. Obwohl der Zugang zum Körper bei uns oft begrenzt ist auf gesunde Ernährung, genügend Sexerlebnisse und Erfahrungen im Sportbereich, sind wir im Stande, diesen zwischenmenschlichen Austausch mit unserem Körper als ganzem Sinnesorgan sehr präzise wahrzunehmen. Die Einsichtsmeditation oder die Vipassana-Bhavana ist eine alte Meditationstechnik, die ihre Wurzeln im Buddhismus hat, und genau dies übt (Hoorwitz 1987). Bei dieser Achtsamkeitspraxis öffnen wir uns für Gefühle, Bilder und Ansichten, ohne uns mit ihnen zu identifizieren. Wir schauen sie an, wie wir bei einem Gang durch den Garten die Obstblüten oder Frühlingsknospen anschauen würden: mit einer inneren Distanz und gleichzeitig mit dem Wissen, dass wir in unserem eigenen Raum sind. Durch die Achtsamkeit taucht das Wesen des Wahrgenommenen selbst auf. Es gibt uns die Gelegenheit, dem Wahrgenommenen zuzustimmen und im Einklang zu sein mit dem Moment der Wahrnehmungserfahrung. Erst dann, wenn wir dies im Jetzt erblicken, wird es uns möglich sein zu erkennen, ob das Wahrgenommene das Eigene ist, und wenn nicht, ob daraus ein Handlungsbedarf entsteht. Achtsamkeit ist keine Technik, sondern eine Art des Seins, es entscheidet darüber, in welchem Maß wir bei der Entfaltung unseres Lebens dabei sein möchten und den Reichtum und Wachstum in uns bewusst miterleben wollen.

Kapitel 5
Ehren und achten

Achtsamkeit in der Beziehung erlangen wir, indem wir unseren Körper bewusst spüren, unsere Gefühle, Bilder und Erfahrungen im Hier und Jetzt zulassen, ihnen zustimmen und den Partner oder das Kind in seiner Ganzheit behutsam wahrnehmen.

Wahrnehmung des Du führt uns zu Achtung und Liebe, Nichtwahrnehmung des Du kann uns bis zur Verachtung und Demütigung treiben. Zwischen diesen beiden Gegensätzen zeigt sich ein breites Spektrum an Umgangsformen und Empfindungen.

Viele haben das Achten und das Geachtet-Werden in der Kindheit nicht erlernen dürfen, viele erhielten nicht die Einsicht, dass Achtung der wichtigste Bestandteil einer liebevollen Beziehung ist. Ein Großteil der Menschen denkt, wenn von Achten die Rede ist, dass Respektieren gemeint ist. Achten ist ein Vollzug, eine Bewegung, die wir erfahren und aktiv ausgeführt haben müssen, um sie zu verstehen und sie zu wiederholen. Achten hat mit mir zu tun, es sagt etwas über mich aus, nicht über denjenigen, der geachtet wird. Ein Beispiel mag dies verdeutlichen.

Stellen Sie sich vor, jemand erzählt bei einem Vortrag etwas über die zwischenmenschliche Kommunikation. In der Pause nimmt er sein Saxophon aus dem Koffer, geht auf die Bühne und spielt auf seinem Instrument ein virtuoses Solo. Sie werden vielleicht »Chapeau« sagen und mit großem Respekt vor seiner Musikalität anschließend den zweiten Teil des Vortrages anhören. Damit er von Ihnen Respekt erhält, muss er etwas leisten, muss er etwas Gutes vollbringen, muss er etwas Besonderes tun. Viele verwechseln Respekt erhalten mit geliebt werden, dabei erhoffen sie unbewusst, geachtet zu werden. Wenn der Mann respektiert werden will, muss er sich etwas Spezielles einfallen lassen. Möchte er geachtet werden, muss er gar nichts tun. Achten ist nicht von ihm, sondern von Ihnen abhängig. Achten hat mit Größe zu tun. Wenn wir unsere Eltern achten lernen, werden die Eltern größer, und zwar größer als wir. Wenn wir unsere Partnerin achten lernen, wird sie gleich groß. Wenn wir unsere Kinder achten, werden sie kleiner, dürfen sie Kind sein. Wenn wir selbst geachtet werden und selber andere achten, erhalten alle die angemessene Größe. Achten hat mit Wahrnehmen zu tun. Wenn wir unser Gegenüber achten, nehmen wir seine und unsere angemessene Größe wahr. Wir sehen ihn als ganzen Menschen mit seinen Stärken und seinen Schwächen. Wir sehen ihn ohne Absicht und ohne Urteil. Wir nehmen ihn im Hier und Jetzt ganz wahr und spüren die Zweisamkeit in Raum und Zeit. Gilligan nennt dies »Ein existenzielles Sehen, das einen Segen spendet« (Gilligan 1999). Einem Menschen, dessen Schicksal wir wahrnehmen, können wir nichts wegnehmen, einen Menschen, dessen Leiden und Freuden wir erkennen, können wir nicht belasten und verletzen. Viel Leid könnte vermieden werden, indem wir unsere Mitmenschen behutsam wahrnehmen. Wenn wir wahrnehmen, wird achten unvermeidbar.

Mit der Achtung setze ich auch Grenzen. Dies bedeutet, jemanden zu achten geht nicht, ohne Grenzen zu erkennen. Grenzen ziehen schließt achten nicht aus, sondern ein.

Diese Gedanken über die Achtung geben Hoffnung. Könnten wir dies doch nur alle lernen, die Welt würde anders aussehen. Bestimmt würde sie anders aussehen, jedoch nur zum Teil. Auch wenn wir gelernt haben zu achten, sind wir Menschen leider nicht immer fähig, 24 Stunden am Tag alles und jeden zu achten. Könnten wir 24 Stunden am Tag ausnahmslos achten, wären wir göttliche Wesen. Der Gedanke, dass ein Mensch nicht durchgehend 24 Stunden am Tag achten kann, entlastet uns aber auch.

Was bedeutet dies nun? Wahrscheinlich nichts anderes, als dass es uns Freude bereiten würde, wenn wir trotzdem versuchen, unsere Eltern zu achten, unsere Frau und Kinder, unsere Freunde und Mitarbeiter, unsere Nachbarn und alles, was lebt. Achtsamkeit kann uns helfen, öfter und länger bei der Achtung zu bleiben. Wenn wir alle Mitmenschen 24 Stunden am Tag achten könnten und würden, wäre die ganze Auseinandersetzung über das achtsame zwischenmenschliche

Zusammensein überflüssig. Die Überlegungen über den achtsamen zwischenmenschlichen Austausch sind genau aus diesem Grund sinnvoll, weil das Achten uns immer wieder abhandenkommt.

Würden wir versuchen, auf der sprachlichen Ebene eine begriffliche Hierarchie herzustellen, könnte das so aussehen: ehren – achten – Respekt haben vor – respektlos sein – nicht achten – verachten – demütigen.

Wir beginnen bei der Achtung und gehen dann in beide Richtungen weiter. Wir können unsere Partnerin achten, unseren Lehrer, wir können sogar, und dies ist sehr schwierig, einen Menschen achten, der uns verachtet. Wir können auch die Tiere und die Bäume achten oder die östliche Zivilisation oder die afrikanische Musik. Ehren geht einen Schritt weiter. Beim Ehren werden wir klein, demütig und dankbar. Wir ehren Gott, die Schöpfung oder das Wunder der Natur. Wenn wir ehren, sind wir im Einklang mit etwas Größerem.

Den Unterschied zwischen Achten und Respektieren haben wir bereits gesehen (siehe oben das Beispiel mit dem Saxophon). Ein nächster Schritt zur Respektlosigkeit hat auch mit der Wahrnehmung zu tun. Haben wir Respekt vor etwas bzw. vor jemandem, sehen wir nur noch einen Teil unseres Gegenübers, unser Blick ist auf ein Detail des ganzen Menschen beschränkt. Wir haben Respekt vor dem Politiker, weil er so sprachgewandt ist und seine Sprache so klar und verständlich ist. Wir nehmen seine rhetorische Gabe wahr und achten ihn möglicherweise nicht in seiner Ganzheit.

Bei der Respektlosigkeit wandelt sich der Blick noch mehr ab, bleibt das Gegenüber vielleicht nur noch ungewollt im Blickfeld. Das unbewusst nicht hinschauen können, das zur Respektlosigkeit führt, hat etwas Trotziges, vielleicht sogar etwas Fragendes, auf jeden Fall etwas Ungeklärtes.

Bei der nächsten Stufe, beim Nicht-Achten, ist das Gegenüber aus unserem Blickfeld verschwunden, nicht weil der andere sich von uns entfernt hat, sondern weil wir den Kopf weggedreht und uns von ihm abgewendet haben. Achten und beachtet werden sind Wörter, die miteinander verwandt sind. Wahrscheinlich gibt es eine Kausalität zwischen Nichtachten und etwas anderes Beachten. Der Vater, der den Krieg überlebt hat, schaut innerlich auf die Opfer und beachtet seinen Sohn nicht. Der Sohn steht außerhalb des Blickfeldes seines Vaters und wird nicht geachtet. Bei der Verachtung kommt das Gegenüber wieder ins Blickfeld, jedoch nur als Projektionsfläche. Das heißt, nicht der Mensch, der da wirklich vor uns steht, wird wahrgenommen, sondern er muss zuerst ignoriert werden, damit eine Projektion möglich wird. Für den Verachteten kann dies oft verwirrend sein, denn er glaubt, wahrgenommen zu werden, er wird ja angeschaut; dabei wird sein Menschsein von einem Bild eines anderen oder etwas anderem überdeckt. Nicht einmal der Teil, der für das Respektieren nötig wäre, bleibt sichtbar. Verachtung ist häufig ein übernommenes Gefühl, Verachtung ist grenzenlos.

»*Sarah ist eine 30-jährige Frau, die als kleines Mädchen über Jahre von ihrem Onkel sexuell missbraucht wurde und als 21-Jährige von einem Fremden vergewaltigt worden ist. Sie verachtet Männer. Diese Verachtung ist nachvollziehbar und kann als Schutz vor Wiederholungen sinnvoll sein.*
Maureen verachtet ebenfalls das andere Geschlecht, auch wenn sie in ihrem Leben nie mit besonders »bösen« oder »schlechten« Männern konfrontiert wurde. In ihrer Biographie tauchen keine männlichen Verbrecher auf. Später stellte sich heraus, dass Maureens Mutter von ihrem Großvater mehrfach sexuell missbraucht worden war. Wahrscheinlich hat Maureen die Gefühle von ihrer Mutter übernommen oder ihre Mutter hat unbewusst ihre Erfahrungen und Bilder bei der Tochter deponiert. Sarah projiziert ihre im eigenen Leben erfahrenen Männerbilder wahrscheinlich oft auf unschuldige Männer. Sie nimmt die unschuldigen Männer nicht wahr und gebraucht sie unbewusst als Projektionsfläche. Maureens Mutter hat wahrscheinlich, ohne sich der Konsequenzen bewusst zu sein, ihre Bilder und Ansichten im psychischen Innenraum ihrer Tochter hinterlassen. Wie schädlich dies ist, können wir uns anhand dieses Beispiels gut vorstellen.

Margalit, ein israelischer Philosoph, der u.a. über die »Politik der Würde« publiziert hat, sagt: »Derjenige, der demütigt, behandelt das Gegenüber, als ob es kein Mensch wäre und schließt ihn somit aus der »Menschheitsfamilie« aus. Die Demütigung ist die Verletzung der Selbstachtung« (Margalit 1999). Der Verachtende ist »menschenblind« geworden und kann seine fehlende Menschseelenwahrnehmung nicht mit seinem Intellekt kompensieren.

Wenn wir lernen, unseren Partner, unsere Ehefrau oder die Kinder achtsam wahrzunehmen, werden Respektlosigkeit, Nichtachten, Verachten und Demütigen der Vergangenheit angehören.

Kapitel 6
Wenn wir für andere mittragen

Um das neue Beziehungsmodell verstehen zu können, ist es notwendig, dass wir uns die verschiedenen Austauschformen: senden, empfangen, weiterleiten sowie beantworten und zurückschicken genau anschauen. Wir werden jede Form einzeln unter die Lupe nehmen und in diesem Kapitel mit der Austauschform »wenn wir für andere mittragen« beginnen. Wir werden zuerst den Begriff Mittragen erläutern und später uns mit dem Unterschied zwischen Mittragen und Helfen befassen. Betrachten wir nun als erstes, was mit Mittragen gemeint ist.

Jeder Mensch trägt in seinem Leben einen Koffer oder Rucksack mit sich. Darin befindet sich hauptsächlich sein vergangenes Schicksal. Unsere Gefühle, Erfahrungen, Bilder, Ansichten, Aufgaben und unsere Verantwortung werden durch das Schicksal definiert, und umgekehrt wird auch das Schicksal von diesen Elementen mitbestimmt. Schicksal bezieht sich in diesem Zusammenhang auf unsere Vergangenheit, unsere Geschichte, unsere Biographie.

Sie können sich vorstellen, dass wir Menschen nicht alle einen gleich großen und gleich schweren Koffer mit uns herumtragen. Sie können sich auch ohne weiteres ein Bild von einem kleinen Kind machen, das nur ein ganz kleines Köfferchen mit sich trägt (siehe Abbildung 2). abb2

Es ist wahrscheinlich, dass das Tragen des eigenen Koffers erschwert wird und unerträglich werden kann, wenn wir für jemand anderes auch noch mittragen. Tragen heißt hier, ich finde einen eigenen, individuell zu mir passenden Weg, mit meiner Vergangenheit umzugehen, ich finde eine eigene angemessene Lösung, eventuell mit Hilfe von außen oder von anderen, jedoch ohne dabei jemanden zu belasten oder jemandem etwas wegzunehmen. Tragen sagt nichts aus über das Ausmaß meiner Schmerzen und meines Leidens.

Abbildung 2: Mutter und Tochter tragen ihre eigenen Kofferabb2

»Als Armin sieben Jahre alt war, starb sein Vater bei einem Verkehrsunfall. Plötzlich ist das Einzelkind abends allein mit seiner Mutter, die lange nicht über den Tod des Ehemannes hinwegkommt. Von nun an muss Armin die Nacht in Mutters Bett verbringen. Er kann nicht einschlafen, bis sie sich ins Bett legt und sich weinend an ihn kuschelt. In der Dunkelheit erwacht er starr vor Schreck, wenn die Mutter auf einmal schreiend neben ihm wach wird. Er hat Angst, sie könnte auch sterben. Seine Mutter muss jetzt wieder arbeiten gehen und findet nur mit Mühe eine geeignete Stelle. Um sie zu entlasten, verzichtet Armin auf sein wöchentliches Taschengeld. Als er zehn Jahre alt ist, hat er schon seinen ersten »Job«. Er steht in aller Frühe auf und verteilt Zeitungen. Jeden Monat gibt er die Hälfte seines schwer verdienten Lohns zu Hause ab.

Seine Mutter akzeptiert das Geld zustimmend und sagt: »Du bist der Einzige, der mir hilft«.

Und wer hilft Armin? Die Lehrer haben Verständnis für seine schlechten Noten. Nur knapp schafft er es in die nächste Klasse. Aber niemand nimmt Armin in die Arme. Niemand nimmt ihm seinen Schmerz ab, niemand sieht, wie er einsam und allein gelassen, unter der großen Last leidet. Mit dem Tod seines Vaters ist seine Kindheit unverhofft zu Ende gegangen, und er ist über Nacht zum Ersatzpartner seiner Mutter geworden. Armin trägt neben seinem eigenen, schweren Schicksal zusätzlich noch einen Teil des Koffers seiner Mutter mit.

Abbildung 2 zeigt eine Mutter mit ihrer fünfjährigen Tochter. Die Tochter trägt ihrem Alter entsprechend nur ein kleines Köfferchen, ihre Mutter dagegen geht nach vorne gebeugt, mit bedrücktem Gesicht mit zwei schweren Koffern durch das Leben. Der Reflex des Mädchens ist jener, den viele von uns wahrscheinlich sofort wiedererkennen: Sie möchte ihrer Mutter gerne helfen.

Das Mädchen wird der Mutter anbieten, ihr einen Teil ihres schweren Koffers – wenn nicht sogar einen ganzen Koffer – abzunehmen. Es ist wahrscheinlich, dass die Mutter mit ihrem Schicksal hadert, überfordert ist und vermutlich bereits für jemand anderen mitträgt. Was passiert, wenn das Mädchen oder wie im Beispiel Armin den Koffer seiner Mutter übernimmt? (Siehe Abbildung 3) abb3

Das Kind wächst und wird vielleicht gleich groß oder sogar größer als seine Mutter, was nicht im biologischen Sinn gemeint ist. Die Größe gibt dem Kind zwar ein Machtgefühl und viel Verantwortung, nimmt ihm aber auch sein Kindsein weg. Was passiert mit der Mutter? Sie wird kleiner, verliert einen Teil ihrer Würde und wird vielleicht gleich klein oder sogar noch kleiner als der Sohn oder die Tochter. Aller Voraussicht nach wird sich, wenn das Mädchen selbst einmal erwachsen und Mutter sein wird, das Ganze wiederholen.

Abbildung 3: Das Kind trägt den Koffer für die Mutterabb3

Was uns bei dieser Form des Austauschs zusätzlich verunsichert, ist der verbindende Charakter des Mittragens: Indem wir für den anderen mittragen, fühlen wir uns mit diesem Menschen verbunden. Diese Verbundenheit wird als etwas Positives empfunden und zeigt sich erst beim näheren und präzisen Hinschauen als ein Empfinden, das ein tieferes, schweres Gefühl überlagert. Wenn das kleine Kind dem Erwachsenen hilft, den Koffer mitzutragen, ist dies für den Erwachsenen oft auch peinlich. Für das Kind bedeutet dies eine dauernde Überforderung.

Kausal gesehen wäre die Lösung, dass die Mutter das, was sie für andere freiwillig oder nicht aus freien Stücken mitträgt, dort unterbringt, wo es hingehört. Noch besser wäre zu sagen, die Mutter gibt das, was sie aus Liebe mitgetragen hat, mit Liebe an denjenigen zurück, dem es gehört, und das, was unfreiwillig mitgetragen wurde, mit Achtung an den Geber zurück.

Freiwillig mittragen für die Eltern löst ganz unterschiedliche Gefühle aus. Einerseits spürt bereits das kleine oder das fast erwachsene Kind seine grenzenlose Liebe für die Eltern. Dies ist eine große Kraftquelle. Andererseits kann die Angst, die Last könnte den Eltern zu viel werden, die Grundmotivation sein. Parallel dazu sind Gefühle wie Mitleid haben mit den Eltern oder auch die Wut auf die Eltern, warum sie ihre Last nicht selber tragen können, gleichzeitig vorhanden. Die Angst kann oft auch das eigene Mittragen betreffen, die Angst zu versagen. So kann auch die Wut auf sich selber gerichtet sein, die Wut, sich gegen diesen Druck nicht wehren zu können. Alle diese Gefühle vermischen sich, wechseln sich ab und verwirren und verunsichern das Kind.

Gefühle, die über viele Generationen weitergereicht wurden, wie z.B. Trauer, Wut oder Angst, können an die Person zurückgegeben werden, von der sie direkt gekommen sind. Da diese Vorkommnisse oft mehrere Generationen zurückliegen können und die dafür Verantwortlichen schon lange verstorben sind, kann dies häufig nur über ein Ritual oder auf eine symbolisierte Weise ermöglicht werden. Viel einfacher ist es, wenn wir im Jetzt diese Weitergabe erkennen und einerseits sofort das Fremde zurückgeben, andererseits aktiv vermeiden, eigenes Belastendes weiterzureichen.

Richten wir unseren Blick nun zuerst auf die Eltern-Kind-Beziehung und schauen wir, wie Kinder oft ohne jegliche bösen Gedanken aufgefordert werden, mitzutragen. Vielleicht ist es überflüssig darauf hinzuweisen, dass Kinder sich kaum gegen ein Mittragen wehren können. Wenn es mehrere Kinder sind, ist das schwächste Kind am meisten gefährdet. Je stärker das Kind ist, desto länger kann es Widerstand leisten; je schwächer es ist, desto schwächer seine Gegenwehr. Dies hat zur Folge, dass das schwächste Kind noch schwächer wird. Meistens bekommen alle Kinder etwas ab, wird die Belastung über sie verteilt. Das eine Kind ist vielleicht empfänglicher für das Mittragen von Gefühlen, ein anderes ist eher bereit, Verantwortung mitzutragen. Manchmal wird ein Kind auch für sein Mittragen belohnt, wird vor anderen bevorzugt, bekommt zusätzliche Rechte oder es wird auf eine andere Weise ausgezeichnet. Es braucht keine Beispiele, um deutlich zu machen, dass mit jeder Form von körperlicher Gewalt, z. B. Misshandlung oder sexueller Missbrauch, dem Kind neben dem körperlichen Schmerz auch psychischer Schaden zugefügt wird. Hinter dem Übergriff wird Wut, Aggression und Scham weitergegeben. Hinter einer Ohrfeige versteckt sich möglicherweise das Bild, dass Jungen nur mit Druck »gezähmt« werden können, und hinter einem sexuellen Missbrauch steckt vielleicht Frauenverachtung, die nur an ein wehrloses Kind weitergegeben werden kann. Gewalt kann eingebettet sein in sogenannte Traditionen, moralische Überzeugungen, hierarchische Strukturen, institutionalisierte Denkweisen oder auch Gesetze.

»*Jasmin wuchs als Einzelkind auf. Als sie acht Jahre alt war, trennten sich ihre Eltern. Sie blieb bei der Mutter, die Jasmin so beeinflusste, dass sie trotz gesetzlicher Regelung auf die Wochenendbesuche bei ihrem Vater verzichtete. Ihre Mutter schimpfte über ihn, beklagte sich über die Unterhaltszahlungen, und als Jasmin älter wurde, weihte die Mutter sie in ihr Sexualleben ein, wobei sie ihren Vater als Versager darstellte. Diese kurze Beschreibung genügt, um zu verstehen, dass Jasmin völlig schutzlos der Wut der Mutter auf Jasmins Vater ausgeliefert war. Auf der Ebene der Bilder und Ansichten wird hier nicht nur der Ehemann, Jasmins Vater, als Bösewicht vermittelt, sondern es wird zudem unbewusst ein bestimmtes Männerbild bei Jasmin zurückgelassen. Hätte Jasmin sich wehren können, hätte sie ihren Vater trotz der Worte der Mutter besucht. Weil sie sich nicht zur Wehr setzen konnte, spielte sie das Spiel der Mutter notgedrungen mit, blieb zu Hause und sah ihren Vater nur einmal im Jahr. Jasmin spürte die Trauer und die Wut auf das männliche Geschlecht. Sie konnte, als sie erwachsen war, nur dank einer Therapie ihre Gefühle den Männern gegenüber als ich-fremd identifizieren. Als ihr dies gelang, war auch völlig klar, dass die Gefühle zur Mutter gehörten. Jahrelang hatten die Gefühle und Ansichten der Mutter in ihrem psychischen Innenraum einen Platz bekommen. Nach all den Jahren wusste Jasmin nicht mehr, dass diese belastenden Gefühle, die Wut und die Ansichten über Männer, nicht ihre eigenen waren. Hätte die Mutter ihre Wut und Enttäuschung durch ein Innehalten bewusst wahrgenommen, so hätte sie in diesem Moment, als sie ihre Gefühle als ihre eigenen definiert hätte, nicht mehr das Bedürfnis gehabt, diese loswerden zu wollen. Zudem hätte sie sich beim Innehalten gleichzeitig Jasmin zuwenden können und das Kind mit seiner Grenze achtsam wahrnehmen können. In diesem Augenblick wäre es ihr gelungen, mit dem eigenen Schmerz würdevoll umzugehen und zugleich Jasmin als wertvollen, selbstständigen Menschen zu achten.*

Es gelingt uns nicht immer, fremde von den eigenen Gefühlen zu trennen. Ein Beispiel von zwei Kindern mag dies illustrieren.

Yvonne, ein vierjähriges Mädchen, stürzt im Beisein von Anja von ihrem Fahrrad. Ihr Knie blutet stark und sie weint vor Schmerzen. Anja, die den Sturz gesehen hat und jetzt neben ihrer Freundin steht, beginnt ebenfalls zu weinen. Sie spürt den gleichen Schmerz, den Ärger, wieder gestürzt zu sein, und kann dies nicht als zu Yvonne gehörig einordnen. Wir kennen alle diese Situation, haben dies schon öfter bei Kindern wahrgenommen oder erinnern uns an unsere eigene Kindheit. Manchmal geschieht uns dies auch als erwachsener Mensch, und es wird uns bewusst, dass hier ein Austausch fremder Gefühle stattgefunden hat. Wir nennen dies »Gefühle übernehmen«.

Wenn wir als Eltern unsere Kinder beschimpfen: »Du bist faul, blöd, dumm, lästig«, ist es klar, dass hier eine negative Weitergabe von Ansichten, respektive Glaubenssätzen, stattfindet. Auch hier kann ein Kind sich kaum verteidigen. Der Versuch »Du bist selber dumm« misslingt meistens drastisch und führt häufig zu einem stärkeren Weitergabedruck. Oft wird ein Kind, das sich mit dem Rückgabeversuch »Du bist selber dumm« zu wehren versucht, gemaßregelt oder bestraft. Die Strafe untermauert die Austauschrichtung und macht unmissverständlich deutlich, dass es kein Zurückgeben gibt.

Alle diese Austauschformen sind kein raffiniertes Spiel von Erwachsenen, sondern laufen meistens auf unbewusster Ebene ab. Werden wir jedoch darauf aufmerksam gemacht, so müssen wir fast immer zugeben, dass wir schon damals, als wir das Kind bestraften, irgendwie wahrnahmen, dass etwas nicht stimme. An Eltern, die versuchen zu begründen, warum eine Strafe zum richtigen Zeitpunkt gut für das Kind ist, kann man beobachten, dass irgendwo doch ein Zweifel besteht. Oft merken wir, dass die Rechtfertigung nicht stimmig ist, weil sie gegen die Regel verstößt, dass das Eigene bei uns bleiben soll.

Eltern möchten für ihre Kinder nur das Beste. Wie ist es möglich, dass sie dabei ungewollt etwas bewirken, was ihrem Kind nicht guttut? Wahrscheinlich sind es die angelernten, übernommenen Verhaltensmuster aus der eigenen Herkunftsfamilie, die gewohnheitsmäßig ohne große Überlegung weitergeführt werden. Durch das präzise Aufzeichnen dieser verschiedenen Kommunikationsabläufe können wir uns dieser unbeabsichtigten Umgangsformen bewusst werden. Die wachsende Feinfühligkeit ermöglicht uns, einen unerwünschten Austausch zu vermeiden und bietet uns die Gelegenheit, uns in unsere Mitmenschen besser einzufühlen. Indem wir die Austauschdynamik verstehen lernen, wird es zunehmend einfacher, uns dem Gegenüber zuzuwenden und seinen Raum mit seinen Gefühlen, seinen Bildern, Ansichten und Aufgaben achtsam wahrzunehmen.

Was passiert, wenn ein Kind etwas Schlimmes erlebt, es plötzlich mit einer schweren eigenen Last konfrontiert wird? Ideal wäre, wenn die Eltern dem Kind sofort die Last abnehmen würden. Wenn sie, im übertragenen Sinn, groß und stark sind, können sie ohne weiteres das kleine Köfferchen des Kindes mittragen. Wir können für niemanden mittragen, nicht für unsere Eltern, nicht für unsere Partner, nicht für unsere Freunde, nicht für Kollegen, nicht für unsere Patienten. Wir können es nur für unsere Kinder tun. Tröstende Worte nehmen dem Kind sein Köfferchen ab. Die Entlastung wird dem Kind guttun.

Was geschieht jedoch, wenn die Eltern ihre ganze Kraft benötigen für das Tragen ihrer eigenen schweren Koffer? Das Kind fühlt sich im Stich gelassen, ist enttäuscht und wird, wenn es erneut etwas Schwieriges erlebt, nicht mehr mit seinem Schmerz bei den Eltern anklopfen.

Es will die Eltern nicht auch noch mit eigenen Problemen belasten. Oft führt diese Enttäuschung dazu, dass die Kinder einen Teil ihrer Achtung vor den Eltern verlieren. Dies zu erkennen kann schmerzhaft sein.

»*Françoise ist eine 28-jährige Frau, die seit sechs Jahren eine Beziehung hat. Ihr Freund war bei ihrer Mutter sehr beliebt; öfter hat ihre Mutter gesagt, sie hätte nichts dagegen, wenn Edward ihr Schwiegersohn würde. Als es in Françoises Beziehung zu Edward zu einer Krise kommt, die schlussendlich zur Trennung führt, traut Françoise sich nicht, es ihrer Mutter zu erzählen. Sie befürchtet, dass ihre Mutter sie mehrmals am Tag anrufen und ihr erzählen wird, wie traurig sie sei, Edward als Schwiegersohn und Vater ihrer zukünftigen Enkel verloren zu haben. Statt dass die Mutter Françoise tröstet, ihr Kraft und Zuversicht schenkt, berichtet sie, wie sehr sie selber unter dieser Trennung leidet.*
Françoise könnte ihrer Mutter sagen: »Liebe Mama, ich leide und ich möchte, dass du das weißt. Bitte Mama, hilf mir.«
Ihre Mutter könnte ihr antworten: »Auch wenn ich selbst darunter leide, ich habe genügend Kraft, dir zu helfen, ich bin innerlich so reich und stark, dass ich dir jetzt genau das, was du brauchst, auch geben kann.«

Im nächsten Beispiel werden wir sehen, dass der Sohn Pius für seine Eltern mitträgt. Wenn wir uns als Eltern oder Partner bewusstwerden, dass es unseren geliebten Mitmenschen nicht guttut, wenn sie für uns mittragen, entwickeln wir ein neues Mitgefühl. Wir werden empfänglich für die Signale, die uns unser Kind oder unser Partner sendet. Wir spüren den Wunsch aufkommen, das Mittragen rückgängig zu machen. Über die achtsame Selbstwahrnehmung (ich bemerke, dass ich etwas mir Eigenes dem Anderen zum Mittragen gebe), öffnen wir uns für den Anderen. Die feinfühlige Selbstwahrnehmung führt zu respektvollem Wahrnehmen des Gegenübers. Sie kann uns den Weg weisen zu einer dauerhaften, gegenseitigen Verständigung.

»*Pius ist ein 25-jähriger Mann, der als ältestes von drei Kindern noch zu Hause wohnt. Sein jüngerer Bruder und seine jüngere Schwester sind schon ausgezogen. Seine Mutter leidet an Weichteilrheumatismus (Fibromyalgie), der durch Schmerzen und Entzündungen von diversen Muskelansätzen gekennzeichnet ist. Sein Vater hat seit acht Jahren eine Invalidenrente, nachdem er sich bei einem Verkehrsunfall Verletzungen am Rücken zugezogen hat. Seine Mutter klagt ununterbrochen über ihre Schmerzen, die einmal wetterbedingt, einmal durch Bewegungen ausgelöst werden. Den Haushalt kann sie kaum mehr bewältigen. Der Vater liegt den ganzen Tag auf dem Sofa, schläft oder sieht fern. Pius hilft im Haushalt, geht einkaufen, kocht, macht die Wäsche und reinigt die Wohnung. Er lebt seit drei Jahren als Single, seine letzte Freundin hat ihn verlassen, weil sie mit seinen Eltern nicht zurechtgekommen ist. Seit zwei Jahren ist Pius arbeitslos, und er versteht nicht, weshalb er keine Stelle finden kann. Er ist enttäuscht, dass seine Geschwister nicht helfen, die Eltern zu unterstützen. Der Bruder wohnt in einer anderen Stadt, die jüngere Schwester hat sich zurückgezogen und besucht ihre Eltern nur selten. Pius könnte ausziehen, doch er macht es nicht. Immer wieder äußert er seine Überforderung und seine Enttäuschung, nicht seinen eigenen Weg gehen zu können. Aus Liebe zu seinen Eltern bleibt er bei ihnen wohnen und leidet sichtbar mit. Mittragen kann aber keine Liebe sein, weil es sonst den Eltern und Pius besser gehen würde.*

Pius könnte als erwachsener Sohn auch selbst einen Richtungswechsel vornehmen und sagen: »Lieber Papa, liebe Mama, ich sehe euch und euer Leiden. Ich kann nicht mehr für euch mittragen, es wird mir zu viel. Ich anerkenne euren Schmerz als euren eigenen. Erst so wird es mir möglich sein, euch auf meine Art richtig zu helfen.«

Auf partnerschaftlicher Ebene begegnen wir häufig dem Missverständnis, dass Liebe verwechselt wird mit der Bereitschaft mitzutragen oder dass wir glauben, wenn wir dem anderen etwas Gutes tun, müsse er aus Dankbarkeit oder zum Ausgleich für uns etwas mittragen.

Das Mittragen für den Partner, zum Beispiel trösten, schonen, beruhigen, ist genau so wenig angemessen wie das Mittragen für die Eltern. Irgendwie haben wir gelernt, unser Sensorium für das richtige Maß zu unterdrücken. Wenn wir den Zugang zu diesem Sensorium wieder neu gefunden haben, merken wir, dass unser Körper auf die kleinste Überanstrengung reagiert. Innere Unruhe bis hin zu Migräneanfällen, Angst, oft Versagensangst (was ja auch Sinn macht), chronische unerklärliche Schmerzen, Insuffizienzgefühle usw. warnen uns davor. Unsere Selbstüberschätzung, die oft schon in der Kindheit ihre Wurzeln hat, nimmt die Herausforderung an, was der Beginn eines Beziehungsdramas sein kann. Beziehungsdrama deswegen, weil durch das Mittragen unsere Größe nicht mehr stimmig sein wird. Wir wissen, auf einer tiefen Ebene, dass wir nicht angemessen handeln, können uns dem jedoch nicht entziehen. Jeder Streit konfrontiert uns damit. Streit ist in diesem Zusammenhang fast immer eine Äußerung eines unangebrachten Austauschs. Wenn wir diese Austauschdynamik verstehen lernen, können wir für uns eine wohltuende Klarheit schaffen, die wir in unseren Beziehungsalltag einfließen lassen können.

Wenn erwachsene Kinder die eigene Last den Eltern aufbürden möchten, ist dies meistens der unbewusste Versuch, altes Belastendes der Eltern den Eltern zurückgeben zu wollen.

In diesem Kapitel haben wir gesehen, dass das Mittragen für die anderen oft überheblich und gleichzeitig belastend sein kann. Im Beispiel von Jasmin wurden neben den Gefühlen auch Ansichten weitergereicht, im Beispiel von Pius wurden Gefühle und vor allem Aufgaben weitergegeben.

E. Schlumpf und H. Werder haben ein ganzes Buch der freiwilligen Übernahme von Verantwortung gewidmet (Schlumpf & Werder 2000). Sie beschreiben sehr gut, wie Kinder zu kleinen »Lasteseln« werden und Verantwortung übernehmen, indem die Eltern wissen, wie das Kind werden soll, das Kind die Beziehung der Eltern retten soll, ein Elternteil ersetzt werden muss, eine Leere gefüllt oder auch ein verstorbenes Kind ersetzt werden soll. Sie erzählen die schöne Geschichte vom Spatz, der das Himmelsgewölbe tragen wollte, die ich hier gerne zum Abschluss dieses Kapitels weiterschenken möchte:

Ein Spatz lag auf dem Rücken und streckte seine Beinchen starr gegen den Himmel. Ein anderer Vogel flog vorüber und fragte verwundert: »Warum liegst du da und hältst deine Beine so starr in die Luft?« Daraufhin antwortete der Spatz ernsthaft: »Ich trage den Himmel mit meinen Beinen! Wenn ich losließe, würde der Himmel herabfallen«! Kaum hatte er das gesagt, löste sich ein Blatt von der nahegelegenen Eiche und fiel leise raschelnd zu Boden. Darüber erschrak der Vogel so sehr, dass er sich schnell aufrichtete und spornstreichs davonflog. Der Himmel aber blieb an seinem Ort!

Kapitel 7
Die Tragweite des Unerträglichen

Das Zurückgeben von fremden Lasten wird häufig mit Loslassen verwechselt, und das Beenden einer Beziehung wird oft als die einzige Möglichkeit angesehen, nicht mehr mittragen zu müssen. Für viele wird jede Beziehung zu einem nicht lösbaren Problem, weil sie gleichgestellt wird mit leidvollem Mittragen. Ein zunehmender Teil der Bevölkerung zieht es vor, Single zu bleiben.

»*René ist ein 41-jähriger Mann, der mehrere schwierige Beziehungen hinter sich hat. Die letzten zwei Partnerinnen waren beide drogensüchtig, und eine verdiente zwischendurch ein Extrataschengeld bei einem Begleitservice. Jetzt hat er die Frau seines Lebens gefunden. Thilde arbeitet als Sachbearbeiterin bei einer Großbank, sie spielt ein Musikinstrument und macht täglich ihre Qi-Gong-Übungen. Sie können stundenlang miteinander sprechen, sie hört zu, ist einfühlsam und weiß immer das Richtige zu sagen. Nach zwei Jahren geht Thilde, aus für René unerklärlichen Gründen, auf Distanz. Das Suchen nach einer gemeinsamen Wohnung wird verschoben. Sie tritt eine neue Stelle an und ist praktisch jeden Abend abwesend. Drei Wochen nach dem unerwarteten Tod von Renés Schwester, wobei Thilde ihn bei den Beerdigungsvorbereitungen tatkräftig unterstützt hat, beendet sie unerwartet die Beziehung.*

Es ist wahrscheinlich, dass Thilde von Anfang an einen Teil von Renés früheren Beziehungslasten mitgetragen hat. Am Schluss wurde ihr das Mittragen der Trauer um den Tod seiner Schwester zu viel.

Wenn wir eine Aufgabe annehmen, die unsere Kräfte oder unsere Möglichkeiten übersteigt, dann maßen wir uns etwas an. Wenn ein Kind glaubt, für das Glück seiner Eltern verantwortlich zu sein oder wenn ein Partner intuitiv annimmt, einen Elternteil ersetzen zu können, dann werden beide zur spürbaren Erkenntnis kommen, dass dies ihnen trotz aller Bemühungen nicht gelingt. Ein Misslingen ist vorprogrammiert und Insuffizienzgefühle können die Folge sein.

Auch Ängste, die sich beim genauen Hinschauen als Versagensängste erweisen, sind möglicherweise das Resultat einer chronischen Überforderung und können sich zu einer sozialen Phobie ausweiten. Die Folgen des Mittragens sind oft schwerwiegend. Die Belastung kann sich in Form von psychosomatischen Beschwerden unübersehbar bemerkbar machen. Mittragen nimmt uns wichtige Lebensenergie, die wir eigentlich für andere Lebensbereiche einsetzen könnten. Dieser unnötige Energieverlust kann sich auf viele Weise manifestieren. Wenn wir für andere mittragen, werden wir zu groß. Wenn wir eine uns nicht angemessene Größe haben, überschätzen wir uns. Ein heilender Satz lautet: Wir können wachsen, indem wir wieder kleiner werden!

Wir können wachsen, indem wir lernen, z. B. einem seelischen Schmerz zuzustimmen oder wenn wir zu unserem eigenen Leiden ja sagen können. In diesem Moment wird es möglich werden, unseren Schmerz, unsere Lebensgeschichte, unsere Bestimmung mit Würde zu tragen. Wenn wir unser Schicksal mit Würde tragen, kann sich eine große Lebenskraft entfalten.

Versuchen Sie einmal im Stehen folgenden Satz laut auszusprechen: »Ich trage mein Schicksal und meinen Schmerz mit Würde«. Nehmen Sie wahr, wie Ihre Körperhaltung sich dabei verändert, spüren Sie sorgfältig, wie Ihr Körper darauf reagiert.

Wenn wir merken, dass wir imstande sind, unsere eigenen Gefühle, Erfahrungen und Bilder mit Würde zu tragen, können wir einen nächsten Schritt machen. Wir können zu unserem Partner gehen und sagen: »Es tut mir leid, wenn ich dir von meiner Last zum Tragen gegeben habe. Ich bin gekommen, um es mir zurückzuholen, gib es mir bitte zurück, damit ich es wieder selber tragen kann«. Eine versöhnende liebevolle Kraft wird spürbar.

Kapitel 8
Wenn die Arbeit zur Last wird

Überall, wo Menschen sich regelmäßig treffen, ist die Gefahr groß, dass ein Austausch, ein Geben und Zurückgeben von Gefühlen, Erfahrungen, Aufgaben und Ansichten seinen freien Lauf nimmt. Es ist somit gut nachvollziehbar, dass auch am Arbeitsplatz genau dieselben Weitergabemechanismen vorkommen wie in den bisher beschriebenen Eltern-Kind- oder Partnerbeziehungen. Es »menschelt« überall.

In diesem Kapitel werden wir einige Austauschformen am Arbeitsplatz betrachten. Dabei beschränken wir uns auf die Austauschform »A hinterlässt Schweres« und »B trägt für A freiwillig Belastendes«.

Aus dem bislang Beschriebenen ist klar geworden, dass der/die Schwächere Mühe hat, sich gegen einen belastenden Austausch zur Wehr zu setzen. In der Arbeitswelt ist der Schwächere per definitionem derjenige, der sich im unteren Bereich des Hierarchiegebildes aufhält. Anders formuliert, wer in der unteren Hierarchieebene eingestuft ist, der hat einen tieferen Grenzzaun.

So ist für einen höheren Funktionsträger das Risiko größer, die Abgrenzung des Untergeordneten unbewusst zu überschreiten. Das bedeutet, dass ein Firmenchef eher aus Versehen eigene Gefühle und Bilder im privaten Raum des Untergeordneten zurücklässt.

Der Arbeitnehmer hat auf Grund der hierarchischen Struktur wenig Abwehrmöglichkeiten zur Verfügung. Häufig gibt die stellvertretende Leiterin das dem Chef zugehörende Gefühl oder Bild automatisch an den Nächsten in der Rangordnung weiter. Die Mitarbeiter in unteren Hierarchiebereichen sind am meisten gefährdet, für die Vorgesetzten mittragen zu müssen. Je mehr sie sich dabei mit der Firma identifizieren, umso mehr sind sie aus Loyalität auch bereit, Ich-Fremdes zu übernehmen.

Mit dem Unterschreiben des Arbeitsvertrages verpflichtet sich die

Angestellte, gewisse Austauschformen zu akzeptieren. Die Verantwortung ist in der Tätigkeitsbeschreibung festgelegt und es ist klar, dass die Vorgesetzte die Erlaubnis hat, der neuen Mitarbeiterin berufliche Aufgaben zu erteilen. Auch Ansichten, Visionen, Projektvorstellungen dürfen oder müssen sogar weitergegeben werden, damit die Firma ihre Ziele erreichen kann. Die Gefahr der Ansichten- und Aufgabenweitergabe besteht darin, dass die firmenbezogenen mit personengebundenen privaten Elementen vermischt werden. Die Weiterleitung einer Aufgabe kann zum Beispiel vermischt werden mit zum Chef gehörenden Gefühlen. Bei der Aufgabenverteilung liefert er möglicherweise eigene Ängste und Enttäuschungserfahrungen mit. Der Aufgabenempfänger nimmt den Auftrag an, er sollte jedoch zum eigenen Wohlergehen versuchen, die Angst und die Enttäuschung beim Chef zu lassen.

»*Eike wurde als Beraterin zur Neustrukturierung eines Familienunternehmens hinzugezogen. Wegen ihres noch jungen Alters stieß sie bei den zwei älteren Kindern des Firmengründers von Anfang an auf Widerstand. Der Wunsch der Neuorientierung kam vom Vater, der befürchtete, die Kinder könnten seine mit Fleiß und Schweiß aufgebaute Firma durch interne Querelen herunterwirtschaften.*

Eike, die sich zuerst vom Vater als direktem Auftraggeber informieren ließ, übernahm nicht nur das Mandat, sondern auch seine Ängste, sein Lebenswerk könnte verlorengehen. Die von ihm übernommenen Ängste gab die junge Frau an die Kinder und die anderen, nicht zur Familie gehörenden Gesprächspartner weiter. Diese Ängste, die bis zu ihrer Aktivität in der Firma retrospektiv kaum spürbar waren, zogen weitere Kreise und machten Eikes Arbeit praktisch unmöglich. Eike hätte die Komplikationen und die frühe Eskalation, die vielleicht auch ohne ihr Dazutun manifest geworden wären, vermeiden können, indem sie die Ängste des Firmengründers bei ihm gelassen hätte. Zum Schluss wurde ihr auch fachliche Unfähigkeit vorgeworfen, dies vielleicht nicht zu Unrecht, weil sie geschäftliche und private Austauschformen nicht voneinander unterscheiden konnte.

In der Arbeitswelt sorgt am häufigsten die nicht korrekte Weiterleitung von Verantwortung für Unruhe. Oder die Geschäftsführerin delegiert ihre Verantwortung an einen Untergeordneten, der damit überfordert ist, oder ein Angestellter übernimmt ungefragt und oft unbewusst die Verantwortung eines höheren Beamten. Firmen, in der keine genauen Tätigkeitsbeschreibungen existieren oder Unklarheiten bezüglich des Organigramms bestehen, sind geradezu für verwirrende Verantwortungsübergaben prädestiniert.

In der sozialtherapeutischen Berufswelt sind die Werktätigen häufig durch einen negativ wirkenden zwischenmenschlichen Austausch gefährdet, da die Grenzen zwischen Helfen und Mittragen oft schwer abzustecken sind.

»*Franz, von Beruf Physiotherapeut, ist zur Erkenntnis gekommen, dass er jahrelang für seine Patientinnen und Patienten mitgetragen hat. Erst im Nachhinein ist ihm klar geworden, dass er zur Vermeidung dieses Austausches in der Vergangenheit unbewusst verschiedene Strategien entwickelt hatte. Es wurde ihm klar, dass der Faktor Zeit dabei eine Rolle spielte. Je länger er in einer Klinik tätig war, desto schwieriger wurde es, sich gegen die Belastung der Patienten abzuschirmen. Ohne dass er damals den tieferen Grund verstand, wechselte er in regelmäßigen Zeitabständen seinen Arbeitsplatz. Als er merkte, dass ihm auch dieses Vorgehen ungenügend Schutz bot, entschloss er sich, nur noch auf ambulanter Basis tätig zu sein. Im Gegensatz zu stationär therapierten Patienten empfand er die ambulant behandelten Patienten als weniger belastend. Die Behandlung war weniger zeitintensiv und es fand ein häufigerer Patientenwechsel statt. Somit konnte er die Austauschstärke auf ein erträgliches Maß reduzieren, indem er die Austauschumstände und nicht den eigenen Austauschmechanismus änderte. Die Einsicht in die Austauschdynamik half ihm schlussendlich dabei, den Schlüssel zur Leichtigkeit des Therapeutendaseins selber zu finden.*

Kapitel 9
Der zwischenmenschliche Austausch

Wenn zwei Menschen miteinander kommunizieren, kann es zu einem Austausch von Gefühlen, Bildern, Erfahrungen, Ansichten, Aufgaben und Verantwortung kommen. Unser psychischer Raum zeigt einerseits einen unerschöpflichen Reichtum, andererseits ist er jedoch auch in seiner Fülle begrenzt. Wenn Gefühle, Erfahrungen, Ansichten, Bilder, Verantwortung und Aufgaben die wichtigsten Bestandteile unseres persönlichen Innenraumes sind, dann sind es diese Teile mit all ihren Variationen, die wir austauschen können. Eine unvollständige Liste mit menschlichen Empfindungen zeigt, wie vielfältig die Gefühle sind.

angeregt
aufgeregt
angenehm
aufgedreht
ausgeglichen
befreit
begeistert
behaglich
belebt
berauscht
berührt
beruhigt
beschwingt
bewegt
eifrig
ekstatisch
energiegeladen
energisch
engagiert
enthusiastisch
entlastet
entschlossen
entspannt
entzückt
erfreut
erfrischt
erfüllt
ergriffen
erleichtert
erstaunt
fasziniert
freundlich
friedlich
fröhlich
froh
gebannt
gefasst
gefesselt
gelassen
gespannt
gerührt
gesammelt
geschützt
glücklich
gutgelaunt
heiter
hellwach
hocherfreut
hoffnungsvoll
inspiriert
jubelnd
kraftvoll
klar
lebendig
leicht
liebevoll
locker
lustig
Lust haben
mit Liebe erfüllt
motiviert
munter
mutig
neugierig
optimistisch
ruhig
satt
schwungvoll
selbstsicher
selbstzufrieden
selig
sicher
sich freuen
spritzig
still
strahlend
überglücklich
überrascht
überschwänglich
überwältigt
unbekümmert
unbeschwert
vergnügt
verliebt
wach
weit
wissbegierig
zärtlich
zufrieden
zuversichtlich

Menschliche Empfindungen, aus: *Gewaltfreie Kommunikation* von M. B. Rosenberg (Rosenberg 2001).

Stellen Sie sich vor, dass Sie jedes einzelne Gefühl dieser Liste weitergeben können oder jede einzelne Empfindung von jemandem unbewusst erhalten können. Auch wenn uns die Liste der Gefühle fast unendlich erscheint und manche Stimmungen sich sehr ähnlich sind, können wir sie alle voneinander unterscheiden. Von den meisten Empfindungen sind uns die parallel dazu wahrgenommenen Körpersignale bewusst, von ein paar wenigen wissen wir sogar auf chemischer Ebene, was in unserem Körper abläuft (z. B. bei Angst) und von einigen wissen wir, welche Hirnregionen dabei aktiviert werden. Gefühle können wir alphabetisch auflisten, Ansichten und Bilder nicht. Nur wenige Bilder oder Metaphern sind uns bewusst, und wenn sie uns klar sind, haben wir – es sei denn, wir sind Kunstmaler, Schriftstellerin oder Komponist – die größte Mühe, sie adäquat auszudrücken. Trotz dieses nicht bewussten Erlebens unserer Bilder, trotz unserer Unfähigkeit, sie bewusst auszudrücken, tauschen wir täglich Metaphern, Allegorien, Parabeln, Gleichnisse, Sinnbilder und Symbole aus. Diese können Vorstellungen über die eigene Familie sein, die Geschlechterrolle, die Lebensziele, moralische Prinzipien, Visionen, politische Überzeugungen usw. Alle diese Bilder befinden sich in unserem psychischen Innenraum.

Es wird uns jetzt klar, dass die zwischenmenschliche Kommunikation um einiges komplizierter ist, als wir vielleicht auf Anhieb dachten. Um etwas Ordnung in diese Unübersichtlichkeit zu bringen, möchte ich gerne erste Unterscheidungen treffen.

Wenn wir in unserem intrapsychischen Raum z. B. die Gefühle betrachten, dann ist die erste Entscheidung, die wir treffen können, diejenige die bestimmt, welche Gefühle zu mir gehören und welche ichfremd sind. Es zeigt sich, dass alle Gefühle, die ursprünglich zu mir gehörten und alle, die in meinem persönlichen Raum einen guten Platz gefunden haben, mir Kraft geben. Viele unangenehme Gefühle, die mir nicht gehören und trotzdem bei mir verweilen, nehmen mir die Kraft. Fremde Empfindungen im eigenen Bereich können zwei Menschen verbinden, aber auch trennen. Eigene Gemütsbewegungen können, wenn sie den Weg zu meinem Raum zurückgefunden haben, zwei

Menschen einander näherbringen. Wir werden die verbindenden und trennenden Kräfte bei der Beschreibung der einzelnen Austauschformen noch genauer ansehen.

Im Folgenden schauen wir uns in der Tabelle (siehe Abbildung 4) die verschiedenen Austauschformen an. Mit Austausch ist jegliche Bewegung eines Gefühls, Erfahrung, Bild, Ansicht, Aufgabe oder Verantwortung gemeint, von einer Person zur anderen. Zum jetzigen Zeitpunkt sind nur die ersten beiden Spalten von Interesse. In den einzelnen Kapiteln werden wir später auf die Spalte 3 zurückkommen. Wir können zwölf verschiedene zwischenmenschliche Austauschformen erkennen. Dabei machen wir einen Unterschied zwischen der Richtung, in der sich ein Bild, ein Gefühl oder eine Ansicht bewegt

⟶ oder ⟵: und von welcher Richtung der Bewegungsimpuls kommt z. B. von A ↣ oder von B ↠.

Zudem unterscheiden wir zwischen ernährenden, kraftgebenden Austauschelementen (in der ersten Spalte mit »+« dargestellt) und belastenden, hemmenden Komponenten (mit »–« wiedergegeben). Zeitlich findet zuerst der Austausch statt, der mit dem oberen Pfeil dargestellt wird. Der untere Pfeil zeigt den zweiten, darauf folgenden Austausch an.

Austausch

	A → B		
1	+ ≻⟶	A schenkt B Gutes	*verbindet*
2	– ≻⟶	A hinterlässt Schweres	*verbindet negativ*
3	+ ⟶≫	B nimmt Gutes an sich	*verbindet negativ*
4	– ⟶≫	B trägt für A Schweres	*verbindet negativ*
5	+ ≻⟶ ⟵≺	B gibt Geschenk an A zurück	*trennt*
6	– ≻⟶ ⟵≺	B gibt an A ungewollt Belastendes zurück	*macht frei*
7	+ ≻⟶ ≪⟵	A nimmt sein eigenes Geschenk wieder zurück	*trennt*
8	– ≻⟶ ≪⟵	A nimmt von B Schweres, welches A gehört, zurück	*macht frei*
9	+ ⟶≫ ⟵≺	B gibt Angeeignetes, welches A gehört, an A zurück	*macht frei*
10	+ ⟶≫ ≪⟵	A nimmt zurück, was B an sich genommen hat	*macht frei*
11	– ⟶≫ ≪⟵	B gibt an A Schweres zurück, was B freiwillig für A getragen hat	*macht frei*
12	– ⟶≫ ≪⟵	A nimmt von B Belastendes zurück, was B freiwillig für A getragen hat	*macht frei*

Abbildung 4: Die zwölf wichtigsten Austauschformen schematisch dargestellt

In den folgenden Kapiteln werden wir die verschiedenen Austauschformen einzeln durchgehen. Dabei werden wir sehen, dass es Austauschvarianten gibt, die unsere Beziehung blockieren (die Nr. 2, 3, 4, 5 und 7). Wenn wir uns dieser beeinträchtigenden Austauschdynamik bewusst werden, können wir durch Vermeiden dieser Austauschformen die Beziehung wieder in Fluss bringen. Das achtsame Erkennen dieser Austauschmechanismen ermöglicht uns, bisher unbewusste, hemmende Beziehungsmuster aufzulösen.

Andererseits bieten die kraftgebenden Austauschformen (Nr. 1, 6, 8, 9, 10, 11 und 12) uns die Gelegenheit, wohltuende Klarheit in die Beziehung einfließen zu lassen und eine hingebungsvolle und offene Verbindung aufzubauen.

Kapitel 10
Ich spüre deine Grenze

Der psychische Austausch zwischen unserer Innenwelt und der Außenwelt wird maßgeblich durch die Klarheit und Festigkeit unserer Abgrenzung bestimmt. Eine zu große Offenheit kann zu einer undifferenzierten, übermäßigen Aufnahme und zu einer Überflutung führen, eine Abschottung zu einer seelischen Unterernährung. Ideal wäre, wenn wir die Öffnungen gezielt öffnen und schließen könnten, sodass Ernährendes und Anregendes aufgenommen werden könnte und Hemmendes oder Schädliches draußen verbleiben würde.

Wenn wir von Grenzüberschreitung sprechen, wissen wir alle, was damit gemeint ist. Viele Menschen leiden darunter, dass ihre Grenzen nicht respektiert und immer wieder überschritten werden. Doch was genau an diesem wichtigen Ort passiert und wie dieser Prozess möglich ist, können nur wenige genau beschreiben. Uns fehlt die Sprache dafür, vor allem deswegen, weil wir kein Konzept dafür haben, keine gemeinschaftliche Metapher, kein klar verständliches Modell. In diesem Buch werden wir auf der Basis des räumlichen Modells eine gut verständliche Sprache entwickeln, welche diesem wichtigen Aspekt Rechnung trägt.

Um uns die Grenzthematik besser vorstellen zu können, greifen wir die im Kapitel 2 gemachte Imaginationsübung nochmals auf.

Nachdem Sie sich genügend Zeit genommen haben und in eine entspannte, ruhige Stimmung gekommen sind, stellen Sie sich wieder Ihren inneren Garten mit Ihren Gefühlen, Erfahrungen, Bildern, Ansichten und Aufgaben vor. Freuen Sie sich über die kräftigen Farben der Blumen, die Pflanzenvielfalt oder lassen Sie sich irritieren durch fremde Objekte und vernachlässigte Ecken. Dieses Mal richten Sie Ihre Aufmerksamkeit auf Ihren Gartenzaun. Vielleicht ist es eine grün überwachsene Holzwand oder eine kaltgraue Betonmauer. Vielleicht markieren auch nur ein paar Büsche oder Bäume Ihre Grenze oder Ihr Garten wird mit einem Drahtzaun vor unwillkommenen

Gästen geschützt. Nehmen Sie die Bilder und Impressionen wahr, spüren Sie zugleich, wie Ihr Körper auf diese visuelle Imagination reagiert. Urteilen Sie nicht und denken Sie einfach: So sieht zurzeit meine Abgrenzung aus, aus welchem Grund auch immer.

Unsere Grenzen, unsere Umzäunung spielt im zwischenmenschlichen Umgang eine entscheidende Rolle. Bei einer Trennwand, die lückenhaft ist, teilweise gar nicht mehr vorhanden und als Überbleibsel kaum wiederzuerkennen, ist es sehr einfach, von außen in das Innere des Raumes zu gelangen. Es wird für den Besucher auch unbewusst nicht schwierig sein, in einem unaufmerksamen Moment des Raumbesitzers in dessen Raum einzutreten. Für das irrtümliche Hinterlassen von unwillkommenen Gefühlen genügen ein paar Sekunden der Geistesabwesenheit. Ist der gedankenlose Gast wieder außerhalb des Gebietes, wird er sich oft unwissentlich entfernen.

Wie kommt es, dass unsere Umzäunung nicht eine Mischung aus kugelfestem Schutzpanzer und mittelalterlicher Burgmauer oder ein lieblicher, von Blumen überwachsener zierlicher Holzzaun mit vielen hellen Durchblicken ist? Wie kommt es, dass unsere Abschirmung nicht ringsum einheitlich, sondern auf der einen Seite eine offene Wiese ist, hinter uns ein barackenähnliches Gebilde darstellt, auf der anderen Seite ein mit blühenden Sträuchern bewachsener Zaun und vor uns einem Gefängnisgitter gleich ist? Wie kommt es, dass unsere Abgrenzung nicht eine tote Mauer ist, die nach Fertigstellung bis zum Ende unseres Lebens einfach bestehen bleibt, sondern eine dynamische, sich bewegende, wachsende Grenze ist? Wir können diese Fragen nicht beantworten, wissen aber, dass sie berechtigt sind und aufgrund von vielen Erfahrungen gestellt werden dürfen.

Es gibt viele grenz- und raumbedingte Gründe, weshalb wir an einer Depression erkranken können. Einer der Aspekte ist die Unordnung in unserem psychischen Innenraum. Wir fühlen uns im eigenen Bereich nicht mehr wohl und merken, dass unser Raum zum Ablageplatz geworden ist, der von auswärtigen Gefühlen, Erfahrungen und Bildern belegt ist. Insuffizienzgefühle (ich kann nicht einmal mein eigenes

Territorium schützen), sozialer Rückzug (sich im eigenen Gebiet verstecken), Unruhe (Angst vor unerwünschten Gästen), Hoffnungslosigkeit (ich werde nie meine Abgrenzung reparieren können) und Verzweiflung (wie kann ich meinen Raum wieder in Ordnung bringen?) sind nur einige der Symptome der Depression, die in diesem Kontext erklärbar sind. Antidepressiva sind wahrscheinlich künstliche Abschirmungen. Der Patient bekommt mit dem Medikament eine »dickere Haut« und kann jetzt vieles gelassener hinnehmen. Er wird ruhiger und spürt Hoffnung, endlich seinen Innenraum aufräumen zu können. Darum sind Antidepressiva in der Psychotherapie oft unerlässlich, weil erst dann der Betroffene die Kraft und Energie findet, die er für das Reparieren des Zauns und für das Ordnung schaffen benötigt. Unter einer antidepressiven Medikation wird es möglich, die eigenen Grenzen nachhaltig zu reparieren.

Interessant ist, dass auf Zellular- und Molekularebene die Antidepressiva die Durchlässigkeit der Nervenzellenmembranen beeinflussen können. Wir sehen, wie die wechselnde Grenzdurchlässigkeit eines Systems (Nervensystem) eine Veränderung auf einer übergeordneten Ebene (menschliches Verhalten) bewirken kann. Andere chemische Wirkstoffe, wie zum Beispiel Alkohol, beeinflussen wahrscheinlich ebenfalls unsere Abgrenzung. Unter Alkoholeinfluss werden wir offener, zugänglicher und somit auch austauschwilliger. Dasselbe passiert auch, wenn wir verliebt sind, diese Offenheit wird auch von den anderen wahrgenommen. Möglicherweise spielen viele chemische Substanzen bei dem zwischenmenschlichen Austauschvorgang auf bisher ungeklärte Weise eine Rolle. Dabei ist anzumerken, dass nicht nur die chemischen Substanzen unseren Austausch regeln, sondern dass wahrscheinlich auch ein bewusstes und achtsames zwischenmenschliches Austauschverhalten die Chemie und die Nervenaktivität im Gehirn mitbestimmen können.

Wie angedeutet, haben wir ein Sinnesorgan, mit dem wir die Grenze unseres Gegenübers spüren können. Wir bemerken meistens unbewusst, ob der andere einen schwer durchdringbaren Zaun hat oder ob es eine offene Wiese gibt, die nur durch vereinzelte Grenzsteine markiert ist. Dies erklärt auch, warum Opfer immer wieder erneut zu Opfern werden. Von der Opferrolle loszukommen, würde in diesem Zusammenhang bedeuten, die persönliche Abgrenzung zu renovieren.

Die Abgrenzung ist nicht nur von chemischen Substanzen abhängig, sondern auch von unserem eigenen Bild der zwischenmenschlichen Beziehung. Traumata verschiedenster Art führen vermutlich zu starren Öffnungen in unserer Abgrenzung. Traumata sind Ereignisse, bei denen nicht nur die Integrität des menschlichen Körpers mit der Drohung des Existenzverlustes in Frage gestellt ist, sondern auch unser psychischer Innenraum mit unseren Gefühlen und Erfahrungen in Mitleidenschaft gezogen wird. Dass dabei unsere Abgrenzung einen bleibenden Schaden erleiden kann, ist wahrscheinlich. Traumaopfer, die nicht imstande sind, ihren Schutz alleine wieder aufzubauen, werden zur Risikogruppe für einen sich wiederholenden, Nachteile bringenden zwischenmenschlichen Austausch. Das Wissen, dass ein Trennwandeinbruch nicht nur durch ein massives Trauma wie eine Vergewaltigung oder eine Naturkatastrophe ausgelöst werden kann, sollte uns aufmerksam machen, sollte uns zum Nachdenken zwingen, die mitmenschlichen Grenzen mehr in unsere Betrachtungen einzubeziehen. Durch einen bewussten und einfühlsamen Umgang mit der Abgrenzung und der Grenzdurchlässigkeit unserer Mitmenschen können wir viel Leid vermeiden (Blaser 2020).

Schauen wir uns noch einige Gedanken über die Abgrenzung zu unseren Kindern an. Nach unserer Gartenmetapher ist es wahrscheinlich, dass nur ein zartes, fragiles Gartenzäunchen die Kinder beschützt. Für uns Erwachsene ist es kein Problem, über dieses Zäunchen hinüberzusteigen, wahrscheinlich ist die Abgrenzung so niedrig, dass wir meistens gar nicht merken, wenn wir den psychischen Innenraum unserer Kinder betreten. Die Gefahr ist groß, dass wir unbewusst und ungewollt im Innenraum unserer Kinder Schäden anrichten. Aus diesem Grund ist es an uns, uns immer wieder die Frage zu stellen, ob wir den Kindern aus Versehen etwas weggenommen haben, unbewusst etwas Belastendes, Eigenes bei ihnen zurückgelassen haben oder in unserer

Ungeschicktheit einen Abgrenzungsbereich verletzt haben. Rücknahme des Eigenen und Rückgabe des Fremden, wie wir in einem späteren Kapitel sehen werden, könnten zu einem wohltuenden Ritual werden.

Dürfen Kinder zu jedem Zeitpunkt, an jedem Ort im Garten der Eltern spielen? Wahrscheinlich nicht. Ein schönes Bild ist: Das Kind hat im Garten seiner Mutter und am Gartenzaun seines Vaters eine eigene kleine Tür mit einer eigenen Glocke. Es weiß, dass die Tür geöffnet und sein Anliegen angenommen wird, wann immer es dort klingelt. Meistens wird das Kind hereingelassen und darf, was es sich gewünscht hat, zu sich nehmen. Es gibt jedoch auch Orte im elterlichen Raum, die dem Kind nicht zugänglich sein sollten, die nur der Mutter oder dem Vater gehören und wo das Kind zu seinem Wohlbefinden nichts zu suchen hat. Wenn der Gartenzaun des Kindes, aus welchen Gründen auch immer, Schaden erlitten hat, sind wir Eltern mitverantwortlich, ihm dabei zu helfen, die Abgrenzung wieder herzustellen.

Dies können wir tun, indem wir das Kind achtsam wahrnehmen und es unterstützen, wenn es nein sagt, wenn es etwas nicht will, wenn es in Ruhe gelassen werden will, wenn es weint und wenn es sich getraut, seine Wünsche zu äußern (Blaser 2020). Vor allem werden die Abgrenzung des Kindes und gleichzeitig sein Selbstwertgefühl gestärkt, wenn wir uns immer wieder für unser eigenes Fehlverhalten und für die bewusst gewordenen Grenzüberschreitungen bei ihm entschuldigen.

Kapitel 11
Gutes an sich nehmen

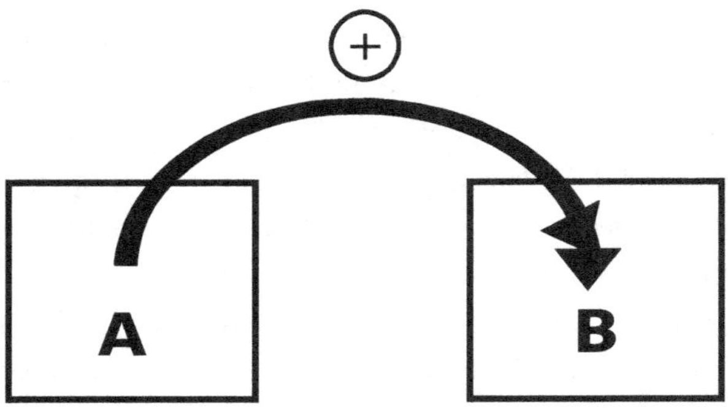

Abbildung 5: Austauschform 3: B nimmt Gutes an sich. Die zwei Quadrate stellen die psychischen Innenräume der Personen A und B dar. Der Pfeil zeigt die Austauschrichtung an und zugleich, von wo der Austauschimpuls herkommt (siehe Abbildung 4).

Wer hat nicht schon einmal gedacht, ich will etwas von ihr oder von ihm? Genau in diesem Moment wird uns bewusst, dass wir an einer persönlichen Abgrenzung stehen und im Begriff sind, uns etwas Gutes vom anderen wegzunehmen. Wahrscheinlich hat ein Gefühl, ein Bild, eine Ansicht oder eine Verantwortung unsere Aufmerksamkeit erregt. Meistens handelt es sich hierbei um etwas Kräftiges, Vitales, um etwas, von dem wir unbewusst glauben, es könnte uns zugutekommen. Wir kennen vielleicht das Gefühl, das Sofia so treffend beschrieb, als sie erzählte, dass ihr eines Abends ihr Ehemann gute Nacht sagen wollte. Er kam gut gelaunt die Treppe herunter und wollte sie küssen. Sie erwiderte seinen Kuss mit dem Vorwurf, er sei langweilig und gehe wieder einmal viel zu früh ins Bett. Voller Energie überlegte sie sich anschließend, was passiert war. Es war ihr gelungen, nicht nur durch Worte, sondern auch nonverbal, ihm einen Teil seiner freudvollen Energie wegzunehmen.

»*Maggie erzählte von sich, sie sei eine »Herzensdiebin«. Sie war irgendwie stolz darauf und konnte genau darstellen, wie ihr dieses Kunststück immer wieder gelang. Wenn sie einen Mann »haben« wollte, so versuchte sie bei einem der ersten Rendezvous, sich ihm von hinten zu nähern und legte ganz zärtlich ihre Hände auf seine Schultern. Mit dieser Geste, so glaubte sie jetzt, könne sie einen Teil seines Herzens erobern. Als sie ihrem Therapeuten diese bisher unbewusste Strategie schilderte, schlug er ihr ein Experiment vor. Sie sollte doch in ihrer Vorstellung das Herz des letzten Partners zurückgeben und abwarten, was passieren würde. Mit Erstaunen berichtete sie in der anschließenden Sitzung, dass sie von ihrem Expartner einen respektvollen Brief erhalten hatte, den er mit dem Satz beendete: Von Herz zu Herz, mit Liebe Stanley.*

Mehrere Personen berichteten auf ganz ähnliche Weise über eigene Austauschgeschehen.

»*Eila erzählt von ihrer jungen Beziehung mit Pascal. Ihr neuer Freund und sie sehen sich bisher hauptsächlich nur an den Wochenenden. Ihr ist aufgefallen, dass sie am Montagmorgen vor Energie sprudelt, während Pascal erschöpft ist. Am Freitagabend sieht es genau umgekehrt aus, er ist voller Freude wegen des bevorstehenden gemeinsamen Wochenendes und sie ist abgespannt von der langen Arbeitswoche. Obwohl das Doppelbett, in dem sie schlafen, groß genug ist, wünscht sie immer Körperkontakt und reagiert enttäuscht, wenn Pascal sich leicht irritiert und angespannt abwendet. Am Morgen erzählt er ihr, dass er sich wie ausgelaugt fühle. Er kenne dieses Gefühl, ausgepumpt zu sein, nicht, wenn er alleine schläft. Eila hat plötzlich die Vorstellung, dass sie vielleicht instinktiv bei ihm andockt und es nicht auszuschließen sei, dass deswegen seine Batterie am Morgen leer sei. Als ihr dies klar wurde, ängstigte sie sich, dass die neue Beziehung mit Pascal gefährdet sein könnte, weil sie nicht wusste, wie sie diesen unbeabsichtigten Austausch vermeiden könne.*

Fremdes an sich zu nehmen kann eine negativ bindende Wirkung haben (siehe Abbildung 4, Nummer 3).

Das folgende Beispiel mag dies illustrieren. In Ost-Europa gibt es eine Hochzeitstradition, bei der der Bruder des Bräutigams beauftragt wird, die Braut symbolisch zu kaufen. Die Verhandlungen über den imaginären Preis der Braut werden in ihrem elterlichen Haus geführt. Nach erfolgreichem Abschluss, so will es der Brauch, nimmt der Bruder des Bräutigams ungesehen etwas kleines Symbolisches aus dem Haus der zukünftigen Schwiegereltern seines Bruders mit. Nicht nur Geschenke binden, sondern auch unbewusstes Beiseitelegen oder ritualgebundenes Mitnehmen hält zusammen.

Es ist nachvollziehbar, dass wir Eltern oft, ohne es zu merken, in den privaten Raum des eigenen Kindes eintreten. Wenn wir ein Gefühl entwickeln für den inneren Garten mit dem niedrigen Zaun unseres Kindes, können wir einen unüberlegten ungünstigen Austausch vermeiden. Dieser Prozess des Bewusstwerdens wirkt präventiv und schützt das kleine Kind vor unserer Gedankenlosigkeit. Diese ungewollten Grenzüberschreitungen hinterlassen keine sichtbaren Narben, sodass das Geschehene kaum nachzuweisen ist. Unser Kind können wir vor Hemmendem, uns Zugehörigem schützen, indem wir uns über unsere Gefühle und Erfahrungen sowie auch ihrer Grenzen bewusst sind.

»*Jean-Pierre*
Es ist Freitagabend und ein Kunde ruft Jean-Pierre zu Hause privat an. Jean-Pierre ärgert sich nicht nur deswegen, auch die Vorwürfe des Kunden erzürnen ihn und machen ihn wütend. Nur mit Mühe kann er sich kontrollieren. Als er anschließend ins Wohnzimmer kommt, sieht er, dass der vierjährige Laurent Dutzende von CDs aus dem Regal ausgeräumt hat und bereits mehrere CDs aus der Hülle entfernt hat. Jean-Pierre möchte reflexartig das Kind anschreien und zurechtweisen, hält dann aber inne. Während er langsam einatmet, nimmt er bewusst seine Gefühle wahr und spürt seine Verärgerung. Während er langsam ausatmet, stimmt er seinen Gefühlen zu. In diesem Moment wird ihm klar, dass seine Aufgebrachtheit nichts mit dem Kind zu tun hat. In demselben Augenblick sieht er, wie der kleine Laurent zufrieden die nächste CD-

Hülle öffnet und das Booklet mit viel Interesse betrachtet. Jean-Pierre sieht die feine Grenze seines Kindes und kniet auf den Boden. Mit einer warmen Stimme sagt er zu seinem Kind: »Ich sehe, du hast Freude an diesen glänzenden, runden Scheiben und an den vielen farbigen Bildern. Lass uns ein paar gemeinsam anschauen und sie dann wieder zurück in das Regal versorgen. Das nächste Mal schauen wir sie von Anfang an gemeinsam an, ist das o. k.?« Laurent lacht und freut sich zusammen mit seinem Vater, noch mehr CDs ansehen zu dürfen.

Wir können auch reagieren, wenn eine unvertraute Person sich im Garten unseres Kindes unerlaubt aufhält. Wenn wir genau hinschauen, können wir aufgrund der Reaktionen beim Kind wahrnehmen, ob sich unerwünschte Anwesende in seinem Raum aufhalten. Wir können dies sogar feststellen, wenn das Kind noch nicht sprechen kann. Die Dankbarkeit, die das Kind ausstrahlt, wenn wir es vor einer unwissentlichen Grenzüberschreitung schützen können, ist meistens gut erkennbar.

Wie können wir selbst bemerken, ob wir irgendetwas Eigenes, Wichtiges verloren haben? Es gibt mehrere Gefühle, die auf einen Verlust hinweisen. Oft haben wir das Gefühl, es fehlt uns etwas. Für viele ist dies ein Dauerzustand, da ihnen schon sehr früh etwas Wichtiges abhandengekommen ist. Dieses Gefühl ist ähnlich wie das Gefühl, das wir kennen, wenn wir unseren Geldbeutel mit allen Kreditkarten verloren haben. Es kann bis zu panikartigen Ängsten führen. Wir sind uns dieses Verlustes nur selten bewusst und können uns das Gefühl der entstandenen Leere nicht erklären. Der Verlust kann zu unnötigem Leiden und zu psychosozialen Beeinträchtigungen führen. Ausdrücke wie »dem fehlt etwas« oder »der hat nicht alle Tassen im Schrank« deuten auf diese Dynamik hin. Insuffizienzgefühle wie »Ich bin ungenügend« können oft durch einen stattgefundenen Verlust erklärt werden. Auch ein »Perfekt sein wollen« kann manchmal ein Hinweis sein.

»Zdenko ist ein Perfektionist und dies aus dem einfachen Grund, weil er immer das Gefühl hat, unzulänglich zu sein. Positive Rückmeldungen über seine Arbeit und seine Person können dies nicht mindern. Ihn plagt unaufhörlich die Angst, jemand könnte ihm einen Fehler nachweisen. Häufig können wir retrospektiv den Zeitpunkt des Verlustes genau lokalisieren. Zdenko weiß exakt, wann ihm sein Selbstvertrauen abhanden gekommen ist. Als er von der Grundschule in das Gymnasium wechselte, habe dies stattgefunden. Seine Ansichten, Meinungen und sein Zugehörigkeitsgefühl, die er sich in der Grundschule angeeignet hatte, waren plötzlich nicht mehr wichtig und wurden zum Teil durch die neuen Mitschüler und Lehrer lächerlich gemacht.

Auch Aussagen wie »Ich vermisse etwas in meinem Leben«, z. B. Lebensfreude, Farbe, Lebenslust, weisen auf einen Verlust hin. Neid ist ebenfalls ein Gefühl, das einen solchen Austausch erklären kann. »Er hat etwas, was ich nicht habe« verursacht besonders dann ein unangenehmes oder unbehagliches Gefühl, wenn ich dieses Etwas vorher auch selber besessen habe. Ich brauche dich, weil ich glaube, etwas bei dir finden zu können, was ich selber nicht mehr habe. Die unbewusste Intention, etwas bei jemandem holen zu dürfen, hat etwas Naives und manchmal auch Geringschätziges. Ich brauche dies oder jenes, heißt oft, ich habe dieses oder jenes verloren. Wir können in Ruhe darüber nachdenken: Was ist es, was ich brauche? Wann habe ich es noch besessen, wann habe ich es verloren? Wer könnte außer mir noch dafür verantwortlich sein? So können wir in uns einen heilsamen Prozess in Gang bringen.

Zum Schluss dieses Kapitels möchte ich Ihnen noch eine kleine Übung ans Herz legen:

Achten Sie einmal darauf, wenn Sie heute Abend Ihre Frau, Ihren Mann, Freundin oder Freund küssen, ob Sie ihm oder ihr wirklich etwas geben wollen. Achten Sie auf Ihre Gefühle, wenn Sie von ihm geküsst werden. Bekommen Sie etwas oder möchte er, dass sie ihm etwas geben?
Haben Sie eine kleine Tochter oder einen kleinen Sohn, spüren Sie genau hin, wenn Sie sie / ihn das nächste Mal »knuddeln« wollen; möchten Sie als Vater oder Mutter dem Kind etwas geben oder soll das kleine Kind irgendein Bedürfnis von Ihnen stillen?
Beobachten Sie ein Paar, das sich küssend auf dem Bahnhof, Flugplatz oder sonst irgendwo verabschiedet, in welche Richtung der Austausch geht und von wem der Impuls kommt.
Nicht: Ich hole mir, was ich brauche, sondern: Ich hole mir das beim Verantwortlichen wieder zurück, was mir entnommen wurde, bringt die Lösung.
Es ist jedoch, vor allem, wenn seit dem Vorfall viele Jahre vergangen sind, nicht immer klar, wer wen dafür verantwortlich machen kann. Manchmal, wie im Beispiel des Schulwechsels (Zdenko), kann der Zuständige gar nicht genau definiert werden. Im Kapitel 17 »Bitte gib es mir zurück«, werden wir uns noch detaillierter mit den therapeutischen Konsequenzen dieses Bildes befassen.

Kapitel 12
Schutz und Sicherheit

Ein guter Schutz ist vor allem in dem Moment wichtig, in dem wir die anderen nicht achten können. Wenn wir die anderen mit ihren Grenzen achtsam wahrnehmen, wenn wir sie mit ihren Gefühlen, Erfahrungen und Ansichten achten, ist es wahrscheinlich, dass auch wir in unserer Ganzheit gesehen werden. Da wir nicht den ganzen Tag alles und jedes achten können, werden wir in der dazwischenliegenden Zeit immer wieder mit versehentlichen Grenzüberschreitungen konfrontiert. Welche Befindlichkeiten führen nun am häufigsten zur Schutzlosigkeit?

Wenn wir uns stark fühlen, werden wir gleichzeitig verletzlicher. Dies mag auf den ersten Blick paradox erscheinen. Ein paar Beispiele können dies verständlich machen.

- Ein Psychotherapeut kam topfit aus seinem zweiwöchigen Urlaub zurück und fühlte bereits nach der dritten Therapiesitzung einen quälenden Kopfschmerz. Er hatte sich in seinem Übermut ohne Schutz für die Gefühle, Bilder, Erfahrungen und Ansichten der Klienten geöffnet.

- Auf einem Fest kann es passieren, dass wir uns in extrovertierter Offenheit und ohne uns abzugrenzen mit verschiedenen Gästen unterhalten und uns ungewollt zum Beispiel eine belastende Geschichte eines Mitmenschen aufladen.

- Sie möchten mit Ihrem Partner oder Ihrer Partnerin einen schönen Abend verbringen. Nach einem romantischen Abendessen im Lieblingsrestaurant beider Partner ist ein Theaterbesuch vorgesehen. Schon zu Hause oder erst beim Essen entwickelt sich ein Streit. In seiner Naivität hat Ihnen Ihr Partner Tür und Tor geöffnet und Sie haben diese Chance unbewusst genutzt, indem sie z. B. unangenehme, Ihnen zugehörige Ansichten bei ihm abgegeben haben.

Wenn wir uns zu groß fühlen, neigen wir dazu, Belastendes eines geliebten Menschen auf die leichte Schulter zu nehmen. Wenn wir zu groß sind, unterliegen wir Fehleinschätzungen und muten uns, ohne uns zu schonen, zu viel Mittragen von Fremdem zu.

Ein guter Schutz kann uns guttun, wenn wir geschwächt und weniger widerstandsfähig sind.

Zum Beispiel sitzen wir müde und erschöpft auf dem Sofa und erzählen unserer Partnerin, was sich während des Tages an anstrengenden Begebenheiten ereignet hat, ohne sie belasten zu wollen. Zu unserer großen Überraschung reagiert sie gar nicht interessiert und mit Verständnis oder mit den von uns erwarteten einfühlsamen Worten, sondern beginnt, von eigenen erlebten Enttäuschungen zu berichten. Irgendwie gelingt es uns nicht, unseren Wunsch nach Verständnis zu vermitteln. Anstatt unsere eigenen Erlebnisse mit ihr zu teilen, nehmen wir jetzt ungewollt ihre Enttäuschungen auf. Durch unsere Müdigkeit gelingt es uns nicht, uns genügend abzugrenzen. Wir sind weniger geschützt, wenn wir müde sind, gestresst vom Arbeitsplatz nach Hause kommen, nachdem etwas Schlimmes passiert ist oder wenn wir z. B. krank sind. Wahrscheinlich stärkt ein gewisses Maß an Wohlbefinden unsere Abgrenzungsfähigkeit, und ein gewisses Wohlgefühl trägt dazu bei, unsere Mitmenschen besser achten zu können.

Wir Menschen haben ein Sensorium entwickelt, mit dem wir die Verletzlichkeit des Mitmenschen wahrnehmen können. Wir spüren unbewusst, ob eine psychische Abgrenzung durchlässig ist oder nicht. Oft nimmt unsere Verletzlichkeit zu, wenn wir mit dem Rücken zur Wand stehen. Diese Position ist häufig nicht so offensichtlich. Zwei Beispiele zeigen uns die erhöhte Dünnhäutigkeit bei fast unausweichlichen Austauschmomenten.

- Kaum sitzen wir im Auto auf dem Beifahrersitz, beginnen wir dem Fahrzeuglenker irgendwelche Vorwürfe zu machen. Er kann sich diesem Gespräch nicht entziehen, und zudem kann er als Lenker des Fahrzeugs nicht seine volle Aufmerksamkeit seiner Abgrenzung widmen.

- Wir haben zwei befreundete Paare zum Abendessen eingeladen. Kaum sitzen wir am Tisch, äußern wir die erste indirekte (oder auch direkte) Kritik an unserer Partnerin. Das eigene Unbehagen hierbei wird, aus welchen Gründen auch immer, nicht registriert. Auch Schmerz und Entrüstung, die unsere Kritik bei der Partnerin auslöst, werden nicht wahrgenommen. Mit guter Miene zum bösen Spiel schafft sie es, bis zur Verabschiedung der letzten Gäste das Gesicht zu wahren. Kaum ist die Tür geschlossen, bricht ihre berechtigte Wut über unsere Grenzüberschreitung in voller Kraft aus und der sogenannte gemütliche Abend endet in getrennten Betten.

Nachträglich können wir diesen unglücklichen Austausch meistens noch korrigieren. Im letzten Beispiel könnten Sie Ihrer Partnerin sagen: »Es tut mir leid, dass ich dich im Beisein unserer Freunde kritisiert habe. Ich nehme alle diesbezüglichen Worte zurück. Ich werde mich auch bei unseren Freunden entschuldigen. Ich werde sagen, dass meine Kritik nichts mit dir zu tun hatte«.

Damit es nicht zu diesen unschönen Situationen kommt, können wir daran arbeiten, dass uns die erwähnten Risikomomente bereits in der Situation bewusst werden. Wir können in solchen Augenblicken folgende Atemmeditation machen:

Einatmend sehe ich deine Grenzen,
ausatmend warte ich vor deiner Tür.

Indem wir versuchen, uns unseres momentanen Schutzes bewusst zu werden, gelingt es uns besser, die Grenzen unseres Innenraums dem Gegenüber mitzuteilen. Um dies immer wieder zu ermöglichen, kann nachstehende, ähnliche Achtsamkeitsübung hilfreich sein.

Einatmend spüre ich meine Grenze,
ausatmend danke ich für ihren Schutz.

Mit einer klar erkennbaren Grenze wird es für jeden einfacher sein, vor unserem Raum und unserer Tür anzuhalten.

Kapitel 13
Wir dürfen uns schützen

Der berühmte Psychiater Ronald Laing, der in den siebziger und achtziger Jahren des letzten Jahrhunderts eine der treibenden Kräfte der »Antipsychiatrie« war, hat den Ausdruck »Therapeutenpsychophobie« geprägt. »Tief berührt vom Erleben des Klienten haben die Therapeuten Angst, von den Erfahrungen der Klienten angesteckt oder überwältigt zu werden« (Laing 1987). Wie können sich trainierte »Helfer«, die sich bis zu acht Stunden täglich diesem Austausch aussetzen, genau davor schützen?

Sigmund Freud hat diese »Ansteckungsmöglichkeit« schon früh erkannt und die therapeutische Abstinenz empfohlen. Damit ist gemeint, dass der Therapeut keine Stellung nimmt zum Gesagten, sich hinter der Couch versteckt und sich quasi unsichtbar macht.

» *Martin berichtet, wie er sich schon als Kind unsichtbar machte, indem er sich wie ein Indianer ins Wohnzimmer schlich und versuchte, ungesehen so nahe wie möglich an seine Eltern heranzukommen. Er hatte eine originelle Lösung gefunden, wie er einen ungewollten Austausch verhindern konnte. Auch an der Technischen Fachhochschule gelang es ihm immer wieder, sich unsichtbar zu machen, wenn eine Aufgabe verteilt wurde. Der Lehrer oder Dozent übersah ihn und wählte einen anderen zum Abfragen aus. Als ihm diese Fähigkeit kürzlich wieder in den Sinn kam, versuchte er als »invisible Man« Auto zu fahren. Während einer nur zehnminütigen Fahrt durch die Stadt kam es beinahe zu einem Unfall. Ein Mann, der schon eine Weile auf dem Gehsteig stand und wartete, lief plötzlich vor seinen Wagen und nur eine Notbremsung konnte Schlimmes verhindern.*

Unsichtbar machen oder auf Distanz gehen schützt uns vor emotionalen Grenzüberschreitungen. Um uns unsichtbar zu machen, können wir uns auch eine geographische Distanz schaffen. Ein Ortswechsel oder das Schließen einer Tür kann Abstand bringen und uns so Schutz bieten.

Wir sehen immer wieder, wenn ein wohltuendes Gleichgewicht zwischen Nähe und Distanz vorhanden ist, wie es zu unvorhergesehenen Differenzen kommen kann, wenn dieses Gleichgewicht aufgelöst wird. Während der Ferien, wenn die achtstündige Arbeitsabwesenheit eines Partners wegfällt, gibt es vor ungewollten Weitergaben plötzlich keinen Schutz mehr.

Der Faktor Zeit kann uns helfen, einem ungewollten Austausch auszuweichen. Wenn wir in einem Gespräch Pausen einlegen, innehalten, eine Zeitlang schweigen, können wir zu uns finden und uns dem gegenwärtigen Augenblick, dem Gespräch und der Beziehung hingeben. Es ist schade, dass heutzutage nur noch wenige Menschen Briefe schreiben. Die Briefpost brachte uns oft eine wohltuende Entschleunigung. In einem der vorherigen Kapitel haben wir gesehen, wie ein Physiotherapeut den Zeitfaktor als Instrument der Austauschsteuerung einsetzte.

Das schmerzvolle Mittragen kann zur Folge haben, dass wir unseren Innenraum für einen längeren Aufenthalt in der Außenwelt verlassen. Dieses Draußen-sein, hier auch Dissoziation genannt (Blaser 2012) erkennen wir u. a. daran, dass uns das Mitgefühl abhandenkommt, dass wir falsche Fragen stellen; wir merken es an dauernden Missverständnissen, am Bagatellisieren von wichtigen Begebenheiten und an Ironie und Zynismus, hinter denen wir uns verstecken.

Viele Bilder in verschiedenen Kulturen beschreiben unterschiedliche Formen von schützenden Hüllen. Eine Klientin berichtet, dass jedes Mal, wenn sie sich sehr verletzlich fühlte, sie sich einen elektromagnetischen Schutzwall um sich herum vorstelle, ähnlich wie sie dies aus Science-Fiction-Filmen oder Comics kannte.

»Jochen stellte sich vor, dass ihn ein imaginärer, durchsichtiger Kunststoffzylinder um seinen Körper zusätzlich schützen könnte. Er hatte wöchentlich eine Abteilungssitzung, in der er unter den vielen Einflüssen der anwesenden Energien litt. Durcheinander und desorientiert konnte er sich nur mit Mühe auf die aktuellen Themen konzentrieren. Als er sich das erste Mal den imaginären Kunststoffzylinder bereits vor der Besprechung wie ein Kleidungsstück umlegte, war er überrascht, wie ruhig und gelassen er am Gespräch teilnehmen konnte. Er berichtete, dass Form, Höhe und Durchmesser des vorgestellten Zylinders praktisch unverändert blieben, jedoch die schützende Farbe einmal rot, einmal grün oder auch lila sein konnte.

Häufig erwähnte Empfehlungen wie: Umgib dich mit einer Lichthülle, die du aus deiner Nabel- oder Solarplexusgegend bildest, oder: Umgib deine Aura mit einer dünnen Gummischicht, an der ungute Energien abprallen und zu ihrem Urheber zurückfliegen oder: lege einfach die Hände auf den Bauch, schließe mit diesen die Energiezentren, die besonders anfällig für Fremdenergien sind, zeigen, dass Sich-Schützen ein wichtiges Thema ist.

Wir haben uns in diesem Abschnitt mit dem Schutz vor unerwünschten, fremden Gefühlen beschäftigt. Häufig haben wir im Alltag Mühe, uns zuzugestehen, dass unsere eigenen Gefühle, unsere eigenen Ansichten, unsere Bilder, unsere Erfahrungen, unsere Verantwortung und Aufgaben unser Eigentum sein dürfen. Viele meinen, dass ein »sich vor dem Partner schützen wollen« ein Zeichen fehlender Liebe sei. Ein ähnliches Missverständnis ist der Glaube, dass wir für unseren Partner quasi ein unbegrenztes, geöffnetes Warenhaus sein müssen. Eine achtsam gelebte Beziehung setzt ein Achten und ein Respektieren der eigenen Grenze und der Grenze des Partners voraus. Wir dürfen unsere Gefühle und Bilder auf unsere ganz eigene Art schützen, und auch der Partner darf seine Gefühle und Bilder auf seine Weise behüten.

Kapitel 14
Zurückgeben im Jetzt

Wann geht es uns am besten? Wenn wir in unserer Mitte sind, uns im eigenen psychischen Innenraum wohl fühlen. Dies bedingt, dass ich mich geborgen und geschützt fühle und dass keine unerwünschten, fremden Gegenstände meinen Frieden beeinträchtigen. Vielleicht meinte der große griechische Philosoph Epikur dasselbe, als er empfahl, sich vor Unlust zu schützen und sich davon zu befreien. Er glaubte, dass Lust und Unlust nicht zusammen am selben Ort weilen können. Die geistige Seelenruhe beschrieb er als körperliche Empfindung, die unglücklicherweise oft falsch als sinnliche Lust interpretiert wurde (Hossenfelder 1991).

Wir werden uns jetzt mit dem Zurückgeben von fremden Gefühlen, Ansichten, Aufgaben und Verantwortung auseinandersetzen. Wir Menschen haben ein Sensorium entwickelt, das uns mitteilt, ob ein Mitmensch in unsere Gefühls- und Erfahrungswelt oder, anders formuliert, in unseren Bilderraum ohne unsere Erlaubnis eintreten will. Auch können wir feststellen, in welche Richtung die unbewusste Intention dieser Person geht. Wenn wir das Gegenüber achten, den Menschen, der uns gegenübersteht, in seiner Ganzheit wahrnehmen, mit seinen Stärken und Schwächen, mit seinen ihm zugehörigen und nicht zugehörigen Bildern, Erfahrungen und Ansichten, ist es wahrscheinlich, dass unsere aufrichtige Achtung von ihm wahrgenommen wird.

Diese Achtungswahrnehmung führt dazu, dass unser Gegenüber auch beginnt, uns zu sehen und uns als Wesen zu erkennen. In diesem Moment wird es für ihn kaum mehr möglich sein, etwas bei uns zu hinterlassen oder etwas an sich zu nehmen. Marshall B. Rosenberg (Rosenberg 2001) beschreibt in seinem Buch über die gewaltfreie Kommunikation (GFK), dass die Sprache und das Verhalten des anderen uns manchmal davon abhalten, seine Menschlichkeit wahrzunehmen: »Je besser es mir gelang, meine Aufmerksamkeit auf seine

Gefühle und Bedürfnisse zu fokussieren, desto mehr sah ich in ihm einen Menschen voller Verzweiflung, dessen Bedürfnisse sich nicht erfüllten. Ich wurde zuversichtlicher, dass er mir nichts antun würde.« So beschreibt in Rosenbergs Buch eine Kursteilnehmerin ihre Erlebnisse, als sie mit einem aggressiven Mann konfrontiert wurde. Die Frau hat durch Mitgefühl einen Angriff durch den streitsüchtigen Mann vermeiden können. Leider gelingt es uns als menschliche Wesen nicht immer, den anderen zu achten. Oft glückt es uns erst, auf den Weg der Achtung zurückzufinden, wenn das fremde Gefühl oder Bild bereits in unserer Domäne gelandet ist. Die Achtung ist eine Bedingung der erfolgreichen Rückgabe. Nur mit Respekt gegenüber dem anderen können wir ihm seines zurückgeben. »Ich gebe dir respektvoll deine Trauer zurück, sie gehört zu dir«. Dieser einfache Satz, in vielen Varianten möglich, hat schon viele Menschen befreien können.

Die Rückgabe, von der wir jetzt sprechen, wird in Abbildung 6, »B gibt ungewollt Belastendes an A zurück« dargestellt. Die Rückgabe von Belastendem trennt die Person B von der Person A und macht beide wieder frei (siehe auch Abbildung 4, Austauschform 6). Für beide ist diese Rückgabe kraftgebend. Für B, weil er erlöst wird von einem unangenehmen fremden Gefühl, Bild, Ansicht, Aufgabe oder Verantwortung. Für A, weil er in seiner Ganzheit anerkannt wird und mit der Rückgabe auch seine Würde zurückerhält (siehe Abbildung 4, Nummer 6).

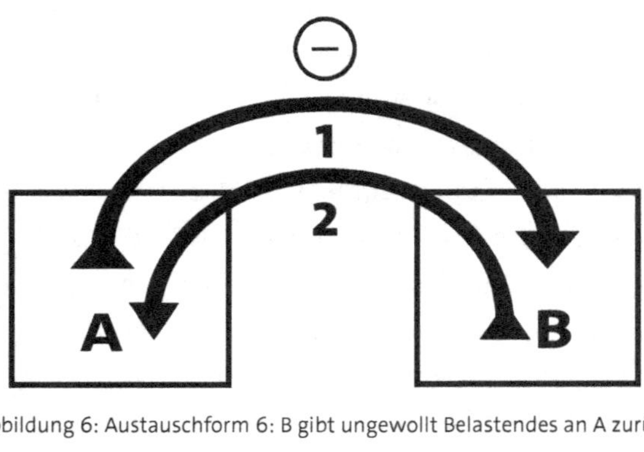

Abbildung 6: Austauschform 6: B gibt ungewollt Belastendes an A zurück

Wenn wir von dieser Dynamik keine Ahnung haben und uns nur auf der Ebene von »Wie werde ich dieses unangenehme Gefühl so schnell wie möglich los« bewegen, führt die gedankenlose Weitergabe oft nur zu Streit. Man kann diesen Satz auch umkehren und sagen: »Streit« ist meistens die Manifestation eines ungewünschten Austauschs, wobei der Versuch, den Austausch rückgängig zu machen, im ersten Ansatz scheitert.

» *Albrecht wollte seine Frau in seine Lieblingsoper einladen. Sechs Wochen vor der einzigen Aufführung fährt er in die Stadt und wartet in einer langen Schlange vor der Kasse. Als er endlich an die Reihe kommt, hört er, dass gerade die letzten Eintrittskarten verkauft wurden. Enttäuscht und frustriert, fährt er wieder nach Hause. Zu Hause angekommen, begrüßt er seine Frau Helga unfreundlich und wirft ihr vor, sie hätte sich doch gleich zu Beginn, als die Aufführung erstmals angekündigt worden sei, um zwei Eintrittskarten bemühen können. Es sei immer dasselbe, immer müsse er sich um alles kümmern, wenn sie gemeinsam etwas unternehmen wollen. Helga reagiert gereizt und wirft ihm vor, er sei gar nicht an einem gemütlichen Abend mit ihr interessiert, sondern nur an der Oper. Sie könne übrigens ganz gut ohne diese Musik leben.*

Wir werden den Verlauf dieses Streites nicht weiterverfolgen, sondern werden analysieren, wie diese unschöne Szene hätte vermieden werden können. Wenn Albrecht sich seine Gefühle vergegenwärtigt und sie als seine ihm zugehörigen akzeptiert hätte, hätte er nicht versucht, sie bei Helga loszuwerden. Er hätte ihr von seiner Enttäuschung und Frustration berichten können, z. B. mit den Worten: »Helga, ich komme gerade von der Theaterkasse und leider ist die Vorstellung schon ausverkauft. Ich spüre eine Enttäuschung und Frustration.«

Helga hätte wahrscheinlich mit Verständnis reagiert und ihm und seinen Gefühlen Achtung entgegengebracht. Der gemeinsame Abend hätte, trotz seiner Frustration und Enttäuschung, in Respekt und Eintracht verbracht werden können.

Und wie hätte Helga reagieren können, wenn Albrecht zu dieser

Selbstwahrnehmung und Reaktion, aus welchen Gründen auch immer, nicht imstande gewesen wäre?

Helga hätte körperlich gemerkt, dass Albrecht versucht, seine Enttäuschung in ihrem psychischen Innenraum zu hinterlassen. Anstatt ihn anzugreifen und seine geliebte Opernmusik zu entwerten, hätte sie sagen können: »Albrecht, ich sehe deine Enttäuschung und deine Frustration. Es ist wirklich schade, dass du die Oper jetzt nicht sehen kannst«. Mit diesen Worten benennt sie seine Gefühle und gibt ihnen wieder den ihnen zugehörigen Platz.

Häufig reagieren wir auf eine Grenzüberschreitung mit einem Gegenangriff und mit einer neuen Grenzüberschreitung. Dies führt meistens zu einer Eskalation der Situation und schlussendlich hinterlässt diese Verhaltensweise zwei verletzte Menschen.

In der Mediation wurden Methoden entwickelt, wie ein negativer Austausch vermieden werden kann. Eine Grundregel der Mediation lautet, dass die Konfliktparteien nicht direkt zueinander sprechen dürfen, sondern dies nur über den Mediator erlaubt ist (Hösl 2002). Mit dieser einfachen Regelung wird dem negativen Austausch ein Riegel vorgeschoben, indem die Konfliktpartei A der Konfliktpartei B nichts mehr weitergeben kann.

In der Mediation werden die Gefühle und Ansichten geäußert und als der Person zugehörig anerkannt. Rosenberg fordert in seinem Konzept der gewaltfreien Kommunikation das bewusste Wahrnehmen der Gefühle und Bedürfnisse des anderen, Klarheit zu schaffen über den Besitzstand der Gefühle und Ansichten, und er zeigt, wie durch Bitten ein bewusstes oder unbewusstes An-sich-nehmen überflüssig und eine freiwillige Rückgabe ohne Gesichtsverlust möglich wird. Wenn wir uns über die Zugehörigkeit der Gefühle, Erfahrungen, Bilder, Ansichten, Aufgaben und Verantwortung im Klaren und uns der Austauschdynamik bewusst sind, können wir auch selbst, ohne Vermittler, Konflikte lösen und vor allem auch vermeiden.

Kapitel 15
Das Rückgaberitual

Fremde Gefühle, Ansichten, Aufgaben, Bilder, Erfahrungen und Verantwortung können über Jahre ein eigenständiges Leben in unserem Innenraum führen. Sind sie einmal gepflanzt, können sie wachsen und zu riesigen Bäumen werden, die uns die Sicht und das Licht wegnehmen und einen störenden Schatten werfen. Nachdem wir mit hochsensiblem Körper und unterscheidendem Blick durch unseren psychischen Innenraum gegangen sind, sind wir vielleicht mit dem Angetroffenen leicht überfordert. Fremdes, nicht Eigenes haben wir auf dieser inneren Reise entdeckt, ohne direkt zu wissen, wie, wann und wo wir mit der Aufräumarbeit beginnen sollen. Wir brauchen uns nicht auf einen Schlag von allen unangenehmen fremden Gefühlen, Bildern und Erfahrungen zu befreien. Nachdem wir so viele Jahre einen Weg, vielleicht einen ganz guten Weg gefunden haben, damit umzugehen, können wir uns jetzt ein wenig Zeit lassen. Wir können z. B beginnen, diejenigen fremden Glaubenssätze zu entfernen, die einen Leidensdruck verursachen. Wenn ein Glaubenssatz schon seit Jahren in unserem psychischen Innenraum ein selbstständiges Leben führt, kann es passieren, dass sich nach der Identifikation zeigt, dass der ursprüngliche Besitzer dieser Überzeugung ausgewandert ist, der Kontakt zu ihm unterdessen abgebrochen oder der Mann/die Frau schon gestorben ist. Dies bedeutet nicht, dass wir jetzt Pech haben und nach wie vor mit dieser Überzeugung weiterleben müssen. Es heißt, dass die Rückgabe nicht mehr von Angesicht zu Angesicht oder z. B. mit einem Brief stattfinden kann. Wir müssen nun einen anderen Weg wählen. Rituale sind dazu sehr gut geeignet. Sie können uns Rückgaben unabhängig von Zeit und Ort ermöglichen. Sie können die Zeit verknüpfen, Widersprüche aushalten und Beziehungsänderungen integrieren. Sie sind geeignet, als Übergang von einem alten Zustand in einen neuen zu gehen.

Im Folgenden werden wir uns mit den Rückgaberitualen befassen, die Ich-Fremdes zurückbringen zum möglichen Ursprungsort. Wir können dabei zwei Formen unterscheiden, die erste, die durch den Ausführenden in eigener Regie ausgedacht, geprüft und vorgenommen wird, und die zweite Form, die von einem erfahrenen Therapeuten begleitet wird.

»*Jirko ist ein 35-jähriger Mann, Vater von zwei Knaben im Alter von sechs und acht Jahren, der seit drei Jahren getrennt von seiner Frau Linka, der Mutter beider Söhne, lebt. Linka wurde nach der Geburt des jüngeren Sohnes zunehmend unzufrieden und machte ihm dauernd Vorwürfe. Jirko konnte berechtigte, konstruktive Kritik unterscheiden von nicht angebrachten, destruktiven Vorwürfen. Das Leben mit seiner Frau wurde zunehmend unerträglicher. Seit der Trennung spielt sie die Kinder gegen ihn aus und belästigt ihn mit intimen Details über ihre neue Beziehung. Jirko gelingt es trotz der Trennung, trotz der Distanz und trotz spärlichen Kontakts nicht, sich vor ihr zu schützen. In seiner Seele häufen sich die negativen Gefühle und die niederdrückenden Ansichten seiner Ex-Frau an.*
An einem schönen Tag beschließt er, all diesen Ballast zurückzugeben und dies nicht mittels einer direkten Aussprache oder eines Briefes, weil das, so glaubt er, sowieso nur zu einem Streit führen würde, sondern mit einem Ritual. Am Hochzeitstag fährt er allein an einen Waldrand, wo sich ein kleiner Bauernhof befindet. Dieser Ort war, schon bevor sie verheiratet waren, ein regelmäßiges gemeinsames Ausflugsziel. Viele Erinnerungen sind mit diesem Ort verbunden. Er parkt seinen Wagen am Rand der Hauptstraße, geht zu einem nahe gelegenen Bach und wählt einen großen, schweren Stein aus, der die schwere Last, die er während all dieser Jahre für seine Ex-Frau getragen hat, symbolisiert. Zu Fuß trägt er den Stein zum Waldrand und als er dort ankommt, legt er ihn bei einem Baum nieder, unter dem sie öfter gesessen hatten. Er spricht direkt zu ihr und sagt: »Linka, dies ist das letzte Mal, dass ich etwas für dich getragen habe. Ich gebe dir alles, was dir gehört und mir nicht guttut, zurück. Deines gehört dir.« Er bleibt eine Weile dort stehen, schaut den

Stein an, der ihm noch größer vorkommt als während des Tragens, blickt in die Landschaft, betrachtet den kleinen Bauernhof, den Baum und die umliegenden Hügel und läuft langsam den Weg zurück zu seinem Auto. Wenn er von diesem Ritual erzählt, hat er Mühe, die Erleichterung und die eingetretene Leichtigkeit zu beschreiben. Später berichtet er, wie die Beziehung zu Linka sich erfreulich geändert hat und dass auch die Kinder auf die Veränderung positiv reagiert haben.

In diesem Beispiel können wir gut die Schritte eines Rituals nachempfinden. Wir spüren, wie wichtig der richtige Zeitpunkt ist, die Kraft des symbolträchtigen Datums, die Energie des Ortes, die Nachdrücklichkeit der Handlung. Die ganze Inszenierung fokussiert sich auf die gewünschte Veränderung. Während des ganzen Prozesses ist das Erleben präsent.

»*Frank ist 46 Jahre alt und kommt aus Norddeutschland. Mit 31 Jahren ist er aus beruflichen Gründen in die Schweiz ausgewandert, wo er nach fünf Jahren eine Schweizerin heiratete. Beide arbeiten, sind zufrieden und genießen gerne die gemeinsame Zeit zusammen. Obwohl die äußeren Umstände seiner Ansicht nach nicht besser sein könnten, plagt ihn eine unerklärliche Angst. Er hat Mühe, in einer Sitzung das Wort zu ergreifen, vermeidet mit den Kollegen das gemeinsame Mittagessen in der Kantine, und vor bestimmten Aufgaben muss er ein Valium einnehmen. Er kann sich diese Angst nicht erklären, schämt sich dafür und erzählte erstmals dem Psychotherapeuten von diesen Gefühlen. In seinem Leben gibt es keinen direkten Anhaltspunkt für diese, wie sein Therapeut sie nennt, soziale Phobie. Erst als der Stammbaum genauer angeschaut und ein Genogramm erstellt wurde, das eine Übersicht über die Schicksale seiner Ahnen ergab, kommt die Vermutung auf, seine Ängste könnten im Zusammenhang mit seinem Großvater väterlicherseits stehen. Es gibt da eine Geschichte in der Familienchronik, an die sich Frank nur vage erinnern kann und zwar, dass sein Großvater einmal im Gefängnis war, wegen Mordverdachts. Wegen fehlender Beweise wurde er wieder freigelassen. Als er darüber spricht, beginnt er am ganzen Körper zu zittern, spürt einen Schauer, der ihm über den Rücken läuft, und er fängt an zu schwitzen. Für Frank ist seine Körpersprache offensichtlich und nicht falsch zu deuten. Ihm ist klar, dass es einen direkten Zusammenhang gibt zwischen seinen krankhaften Ängsten und dem möglichen Mord seines Großvaters. Zuerst versucht er, weitere Fakten über seinen Großvater zu sammeln, doch sowohl sein Vater als auch sein Onkel zucken bei diesem Thema zusammen, wissen aber nicht mehr über diesen Vorfall zu berichten. Frank hat verstanden, dass eine unheimliche Angst von zwei Generationen sein Innenleben heimgesucht hat. Er muss diese Angst, dieses Gefühl unverzüglich seinem schon längst verstorbenen Großvater wieder zurückbringen. Auch Frank entwirft hierfür sein ganz eigenes Ritual.*

Das Einzige, was er von seinem Großvater besitzt, ist ein handbemalter Brieföffner. An einem sonnigen Frühlingstag verbrennt er diesen hölzernen Gegenstand in seinem Garten. Die Asche wischt er sorgfältig zusammen und versorgt sie in einem kleinen Zigarrenkistchen. Er meldet sich zu einem Besuch bei seinen Eltern an und sagt, dass er die Nacht im Hotel verbringen würde. Seine Eltern akzeptieren diesen außergewöhnlichen Wunsch ohne nachzufragen. In Norddeutschland im Hotel angekommen, besucht er das Grab seines Großvaters. Dort öffnet er das Zigarrenkistchen und streut die Asche auf das Grab, während er die Worte sagt: »Lieber Großvater, dies gehört dir«. Minutenlang steht er dort. Dann kehrt er ins Hotel zurück.

Auch dieses selbstgewählte Ritual ist an Dramaturgie kaum zu überbieten. Bei jedem Schritt spürt man, wie die Kraft zunimmt und die Spannung steigt, bis zur Erlösung. Nicht alle Rituale müssen so dramatisch sein, nicht jede Rückgabe verlangt dies, nicht jede Person braucht so kräftige Bilder, um die Rückgabe zu ermöglichen. Jeder spürt für sich, was richtig ist und welche Form angebracht. Um zu zeigen, dass auch kleine, einfache Rituale sinnvoll und wirksam sein können, folgt hier noch ein Beispiel.

»Ruth ist eine 57-jährige Sekretärin, unverheiratet, Besitzerin von drei Hunden und drei Katzen. Sie arbeitet seit über 25 Jahren in der gleichen Firma und ist dort eine sehr geschätzte Mitarbeiterin. Sie hat sich als immer gut gelaunte und zuverlässige Arbeitskraft zur Chefsekretärin emporgearbeitet. In ihrer Karriere kommt es zu einem eindeutigen Knick, als ihr Chef in Pension geht und der neue Chef seine Stelle antritt. Er ist launisch, dirigiert sie herum, kritisiert sie, nörgelt und übergibt immer mehr Aufgaben ihrer jüngeren Kollegin. Ruth ist zunehmend unglücklich und weiß nicht, wie sie auf die unguten Weitergaben ihres Chefs reagieren soll. Ein Stellenwechsel kommt in ihrem Alter nicht mehr in Frage und noch weitere fünf bis sechs Jahre dort auszuharren, ist für sie ein Horrorgedanke.
In den Therapiesitzungen arbeitet sie gemeinsam mit ihrer Therapeutin ein Ritual aus, das ihr helfen soll, die dem Chef zugehörigen Gefühle und Ansichten an ihn zurückzugeben. Täglich schreibt sie auf einem speziell dafür gekauften Papierbogen seine belastenden Gefühle, Ansichten und Bilder auf. So hat sie sich an einem Tag folgende Notizen gemacht: Der Chef ist ungeduldig, gereizt, cholerisch, unberechenbar, äußert die Ansicht, es ginge auch ohne Sekretärin, und ein Arbeitsplatzwechsel sei zumindest nach fünf Jahren angezeigt. Am Ende des Tages, bevor sie als letzte nach Hause geht, wirft sie diese Liste in seinen Papierkorb. Nicht nur erleichtert geht sie nach Hause, sondern schon während des Arbeitstages kommen durch das Aufschreiben seiner Gefühle und Ansichten diese schon gar nicht mehr in ihren psychischen Innenraum. Zu wissen, dass er am Abend alles wieder zurückbekommt, hat sie schon öfter zu einem stillen Schmunzeln verleitet.

Dieses letzte Beispiel eines Rückgaberituals unterscheidet sich von den ersten beiden in mehreren Bereichen. Zum ersten ist die Zeitverschiebung gering. Sie schreibt die Gefühle ihres Chefs sofort auf und gibt sie am gleichen Tag noch zurück bzw. übernimmt sie erst gar nicht. Bei Jirko und Frank sind Jahre vergangen, bis sie das Fremde der Ehefrau respektive dem Großvater zurückgegeben haben. Bei Ruth findet das Rückgaberitual am Tatort statt. Sowohl Frank als auch Jirko wählten einen ganz bestimmten, symbolträchtigen Ort für das Rückgaberitual aus. Das Ritualverhalten von Ruth unterscheidet sich nur wenig von ihrem sonstigen täglichen Benehmen. Franks und Jirkos Inszenierungen haben etwas Spezielles und Ungewöhnliches. Einen großen Stein den Weg entlang zu tragen ist nicht üblich, auch wenn seit Hunderten von Jahren die Pilger auf dem Jakobsweg Steine als Symbole für etwas Schweres mittragen und an einem bestimmten Ort auf dem Weg nach Santiago de Compostela ablegen. Ein weiterer Unterschied ist, dass Ruth bei ihrem täglichen Rückgaberitual den Inhalt der Rückgabe genau benennt. Frank sagt nur »dies gehört dir« und was »dies« beinhaltet, wird nicht genau definiert. Das Beispiel von Ruth ist auch in Bezug auf die Vorbereitung anders als die Rituale von Frank und Jirko. Ihr tägliches Ritual wurde mit Hilfe ihrer Therapeutin ausgearbeitet. Durch die Beleuchtung der Unterschiede wird deutlich, wie breit das Spektrum der Rückgabemöglichkeiten ist.

Aus der kirchlichen Welt wissen wir, dass Ritualhandlungen unter der Leitung eines erfahrenen Priesters viel Kraft haben können. Der regelmäßige Besuch eines Therapeuten hat bereits etwas Rituelles, sodass die Praxis als Ort eine gute Wahl sein kann. Führt der Klient das Ritual in der Praxis gemeinsam mit seinem Therapeuten aus, ist es wichtig, dass der Zeitpunkt genau festgelegt wird. Der Klient soll diesen Tag als wichtigen Moment schon im Voraus erleben. Beim Beginn soll eine Spannung, eine Ehrfurcht vor dem, was kommen wird, spürbar sein. Glaubt der Klient, das Ritual so nebenbei ausführen zu können, um dann, wenn möglich, während der gleichen Sitzung zur Tagesordnung zurückzukehren, fehlt die notwendige Kraft.

Eine einfache, respektvolle Weise, wie eine Klientin im Beisein ihrer Therapeutin das Ich-Fremde zurückgeben kann, ist die Durchführung der Rückgabehandlung mit Hilfe der Imagination. Im Stehen stellt die Klientin sich ihr Gegenüber vor und legt ihm achtungsvoll das Belastende, das es für den anderen getragen hat, symbolisch vor die Füße. Die Einbildungskraft im Stehen ermöglicht eine klare Körperwahrnehmung und bietet die Gelegenheit des körperlichen Vollzuges. Der Vorgang kann mit kraftvollen Sätzen und Rückfrage nach dem Körperempfinden, nach Gefühlen und Bildern unterstützt werden. Oft äußert sich in der Körperbewegung oder in der Stimme der Klientin ein Zweifel, manchmal wird dieser auch explizit zum Ausdruck gebracht.

Manchmal haben wir Angst, dass der Empfänger mit den zurückgegebenen Gefühlen und Ansichten nicht zurechtkommen wird. Diese Angst ist verständlich, haben wir vielleicht genau deswegen jahrelang das ich-fremde Gefühl in unserem Reich geduldet. Hier kann der respektvolle Satz: »Ich mute dir dies zu« hilfreich sein. Vor allem wenn Kinder (erwachsene Kinder) ihren Eltern etwas zurückgeben, berichten sie, dass sie während des Rituals merken, wie die Eltern größer und sie kleiner werden. Dieses körperliche Erleben des Kleiner-werdens ist eine wohltuende Erfahrung und wird oft als Erleichterung und als kraftgebend empfunden.

Wenn erwachsene Kinder ihren Eltern etwas zurückgeben, handelt es sich öfter um freiwillig Mitgetragenes. Auch wenn wir aus Liebe oder Fürsorge etwas über Jahre mitgetragen haben, können wir zur Erkenntnis kommen, dass jetzt der Zeitpunkt gekommen ist, dass wir uns davon befreien dürfen.

Manchmal bemerken wir auch, dass es gar nicht so einfach ist, uns von Fremdzugehörigem, welches lange in unserem Raum wachsen und sich entfalten durfte, zu trennen. Wir spüren nach der Rückgabe eine Trauer, die sich erst später als eine wohltuende Befreiung offenbart.

Die Rückgabe der fremden Gefühle, Bilder, Erfahrungen, Aufgaben oder Verantwortung in der Imagination können wir auch alleine, ohne den Therapeuten, durchführen. Diese Rückgabe kann nur gelingen, wenn wir einen guten Zeitpunkt und einen stillen Ort auswählen, wenn wir die richtige Distanz zum vorgestellten Gegenüber gefunden haben, wenn wir dem Mitmenschen mit Achtung vor seinem Schicksal respektvoll begegnen und wenn wir behutsam und mit Ehrfurcht von Seele zu Seele sprechen.

Kapitel 16
Meine Gefühle gehören mir

Wie ist es möglich, dass wir eigene Gefühle, Ansichten, Bilder, Aufgaben, Erfahrungen und Verantwortung unbewusst im persönlichen Raum eines geliebten Mitmenschen zurücklassen? Dies ist nur möglich, wenn wir uns nicht im Klaren sind, was wir zurücklassen, also ein Gefühl oder ein Bild, und wenn wir uns nicht bewusst sind, dass wir etwas Eigenes deponieren. Zudem scheinen wir nicht zu merken, dass wir die Grenze des anderen nicht beachtet und überschritten haben. Fangen wir beim ersten an. Um zu merken, dass wir ein Gefühl übergeben, müssen wir in unseren Körper hineinhorchen. Wir müssen kurz innehalten und uns die Frage stellen, wie geht es mir jetzt, was fühle ich, was spüre ich. Wenn wir das mitten in einem Gespräch machen würden, würde das Gespräch langsamer werden und es entstünde, wie zu Beginn des Kapitels über die Achtsamkeit erwähnt, auch Stille. In der Stille kommt das Wesentliche zum Ausdruck. Das schnelle Sprechen lenkt uns von der Selbstwahrnehmung ab, das Denken hindert uns, im Jetzt zu sein. Denn nur im Jetzt können wir unseren Körper wahrnehmen. Wenn es gelingt, uns unserer Gefühle bewusst zu werden, werden wir auch merken, ob die zum Ausdruck gebrachten Gefühle bei uns bleiben oder beim Gegenüber landen.

Wenn wir achtsam sind, wenn wir uns der gegenwärtigen Wirklichkeit bewusst sind, gelingt es uns, unserer körperlichen Empfindungen und Gefühle, Erfahrungen, Bilder gewahr zu werden. Das bewusste Atmen kann uns dabei helfen, die Achtsamkeit aufrechtzuerhalten. Der Atem ist ein natürliches und äußerst wirksames Werkzeug, mit dem wir unserer Zerstreutheit vorbeugen können.

Der Atem ist die Brücke zwischen Leben und Bewusstsein. Er verbindet unseren psychischen Innenraum mit unserem Körper (Thich Nhat Hanh 1997). In Bezug auf die Beziehungsbausteine, auf die Bilder, auf die Erfahrungen, Gefühle, Aufgaben und Verantwortung können wir, ähnlich wie Thich Nhat Hanh in seinen Werken beschreibt, je nach Situation eine oder mehrere der nachfolgenden Atemmeditationen ausführen.

Einatmend nehme ich meine Gefühle wahr,
ausatmend stimme ich ihnen zu.

Einatmend sehe ich ein inneres Bild,
ausatmend bejahe ich es.

Einatmend taucht eine Erfahrung auf,
ausatmend nehme ich sie an.

Einatmend kommt eine Ansicht hoch,
ausatmend gestatte ich dies.

Einatmend zeigt sich eine Aufgabe,
ausatmend lasse ich sie zu.

Einatmend nehme ich eine Verantwortung wahr,
ausatmend lasse ich es geschehen.

Wie können wir nun über unsere Gefühle sprechen, ohne sie weiterzugeben? Indem wir sie als unsere eigenen deklarieren, bleiben sie bei uns. Indem wir, wenn es z. B. schmerzhafte Gefühle betrifft, sie mit Würde tragen. Der andere wird sich öffnen können, ohne Angst zu haben, dass wir unsere Gefühle bei ihm hinterlassen werden. Dasselbe gilt auch für unsere Ansichten, unsere inneren Bilder, gespeicherten Erfahrungen, erworbenen Aufgaben und unsere Verantwortung.

Um den Unterschied einer Gefühlsäußerung ohne und mit Weitergabe zu illustrieren, folgt hier ein Beispiel.

»Anna hat ihre Freundin zum Kaffee eingeladen. Anna leidet an einer wiederkehrenden Gelenkentzündung des linken Knies und ist dadurch in ihrem täglichen Leben eingeschränkt. Anna sitzt auf dem Sofa, Edith in einem bequemen Sessel ihr gegenüber.
Anna: »Ich spüre den Wetterwechsel, kaum wird es etwas kälter, beginnt sofort diese ekelhafte Entzündung wieder. Es ist wirklich mühsam, immer vom Wetter abhängig zu sein.«
Edith: »Seit wann ist es denn wieder so schlimm?«
Anna: »Schlimm ist es eigentlich immer.« Sie legt ihre Hand auf ihr linkes Knie und massiert das Gelenk kreisförmig. Gleichzeitig beißt sie sich auf die Unterlippe. Sie steht auf und geht sichtbar hinkend zur Küche. Kurz darauf kommt sie mit Kaffee und Kuchen zurück, dabei stolpert sie über den Teppich.
Edith steht auf und sagt: »Ich hole die Tassen und den Zucker.« Als sie zurückkommt sagt Anna: »Das ist lieb, wie du mir hilfst, das ist wirklich lieb von dir.«

Zweites Gespräch. Tee, Kaffee und Kuchen stehen bereits auf dem Tisch.
Anna: »Ich kann am Wochenende wahrscheinlich nicht mit auf die Wanderung kommen. Mein Knie ist seit gestern wieder entzündet und ziemlich schmerzhaft.«
Edith: »Das wäre wirklich schade, was meint denn der Arzt dazu? Können stärkere Schmerzmittel oder Entzündungshemmer helfen?«
Anna: »Ich werde das noch abklären und dir spätestens bis Donnerstag Bescheid geben.« Anna steht auf, versucht so normal wie möglich zu gehen und sagt zu Edith: »Nimm du schon ein Stück Kuchen, ich habe den Zucker vergessen.«

Der Unterschied, wie die Gefühle zum Ausdruck gebracht wurden, ist erstaunlich. Im zweiten Beispiel spricht Anna mit Würde über ihren Schmerz, sogar die wahrscheinliche Absage der Wanderung klingt nicht wie eine Belastung.

Wie auch beim Mittragen neigen wir zur Abgabe oder zum Weiterreichen von Gefühlen und Erfahrungen, wenn wir geschwächt oder gereizt sind, unter Zeitdruck leiden, im Stress oder überfordert sind. In diesen Phasen ist es besonders wichtig, wenn wir für einen Moment innehalten und uns die Frage stellen: Habe ich heute jemanden mit etwas Eigenem belastet? Besonders gefährdet sind diejenigen, die uns nahe sind, unsere Partner und Kinder, Freunde und diejenigen, die sich nicht genug wehren können. Darunter fallen Angestellte und untergeordnete Mitarbeiter sowie Freunde, die aus irgendeinem Grund anfällig sind. Wir können uns am Tagesende die Zeit nehmen und uns fragen: Habe ich heute einem Mitmenschen meine Gefühle, meine Ansichten, meine Verantwortung oder etwas anderes aufgebürdet? Wenn wir uns selber gegenüber ehrlich sind, werden wir diese Frage häufiger als uns lieb ist mit ja beantworten müssen. Auch können wir uns in einem ruhigen Moment fragen, ob wir in unserem Leben, in der fernen Vergangenheit eine nahe stehende Person schwer oder weniger schwer belastet haben. Mancher Ex-Partner verdient nach so vielen Jahren eine stille Wiedergutmachung.

Auch hier hat unser Körper im Lauf der Evolution eine unglaubliche Präzision entwickelt. Wir spüren, wenn wir ehrlich sind und unsere Körperwahrnehmung zulassen, ob wir jemanden belasten. Wir können daher, wenn wir den Mut haben und wenn wir gelernt haben zu unseren Gefühlen zu stehen, sofort reagieren. »Es tut mir leid, dass ich das gesagt habe; ich nehme das Gesagte zurück; ich wollte dich nicht belasten; es hat nichts mit dir zu tun.« Wir merken, wie die Rücknahme Kraft gibt, wir spüren, wie wir freier werden, wir fühlen, wie wir unsere Würde zurückbekommen und wir entdecken, wie wir vom anderen geachtet werden. Die sofortige Rücknahme bringt die Beziehung wieder in Ordnung, gibt uns unsere richtige Größe und unseren richtigen Platz zurück.

Es kann aber auch sein, wie wir bereits im vorigen Kapitel gesehen haben, dass der belastende Moment viele Jahre zurückliegt. Auch hier kann ein Ritual hilfreich sein. Die Richtung ist nun anders. Ich lege nicht etwas Schweres dem anderen vor die Füße oder unter einen Baum zurück, sondern ich hole mir mein Eigenes, das den anderen über Jahre belastet hat und das mir gehört, zurück (siehe auch Abbildung 4, Austauschform 8). Auch dies kann ein Symbol sein, das bei mir wieder einen Platz erhält. Die Worte: »Ich danke dir, dass du meine Trauer so lange mitgetragen hast. Ich nehme sie jetzt zu mir zurück, sie gehört mir.«, illustrieren eine solche Rücknahme. Der andere wird frei und eine ungewollte Verstrickung kann aufgelöst werden.

Martin Buber schreibt:

> Wenn wir eines Weges gehen und einem Menschen begegnen, der uns entgegenkommt und der auch eines Weges geht, kennen wir nur unser Stück des Weges, nicht seines. Das nämlich erleben wir nur in der Begegnung. Die Begegnung findet in der Gegenwart statt. Gegenwärtig geht er seinen Weg. Alles wirkliche Leben ist Begegnung.

1953 schrieb er:

> Die gegenseitige Beziehung zwischen zwei Wesen ist die Urchance des Seins und zwar eine, die dadurch in Erscheinung trat, dass es den Menschen gibt. Nur durch die Wesensbeziehung gelangt der Mensch zu der ihm vorbehaltenen, gültigen Teilnahme im Sein, das am Ursprung des einzelnen Menschwerdens steht. (Buber 1995)

Martin Buber hat die Wichtigkeit der gegenseitigen Beziehung, die Wichtigkeit der Begegnung, die Bedeutung des Du-Sagens auf wundervolle Weise dargestellt. Nach diesen Worten müssen wir uns fragen, ob eine unbewusste Belastung des anderen oder ein unbeabsichtigtes, nicht erlaubtes An-sich-Nehmen überhaupt eine gegenseitige Beziehung ist. Ist das eine menschenwürdige Begegnung, ist es überhaupt eine Begegnung? Können wir zum anderen du sagen, wenn wir ihn und seinen Weg gar nicht mit wachen Sinnen wahrnehmen?

Wo ist seine Grenze? Wenn ich sie nicht sehe, muss ich sie suchen, ganz langsam, wie ein Blinder, der sich im Dunkeln tastend fortbewegt. Oder ich muss ihn danach fragen, und wenn er sie mir gezeigt hat, stehe ich – eventuell auch nur in Form eines inneren Bildes, einer Imagination – still und läute, klingle oder klopfe und frage ihn, ob ich eintreten darf. Als Ehemann zu meiner Frau oder als Vater zu meiner Tochter sage ich: »Liebe Ehefrau, liebe Tochter, wenn ich, ohne es zu merken, etwas mir Zugehöriges, ein Bild oder eine Aufgabe, etwas, was dir nicht guttut, bei dir hinterlasse, wenn ich gedankenlos deine Grenze überschreite, dann darfst du dich auf deine Art wehren. Liebe Ehefrau, liebe Tochter, wenn ich, ohne es selbst zu spüren, ein Gefühl, eine Aufgabe oder eine Verantwortung an mich nehme und ohne deine Einwilligung in deinen Innenraum eintrete, darfst du auf deine eigene Weise mich dabei stoppen«.

> Wie in östlichen Traditionen verneige ich mich kurz vor dem anderen und seinen Gefühlen und Ansichten, bevor ich durch sein Eingangstor eintrete. Jemanden achten heißt anzuerkennen, dass er da ist, dass er so ist, wie er ist und dass er, wie er ist, auch richtig ist. Wenn ich den anderen so achte, verzichte ich darauf, mir ein Bild zu machen, wie der andere sein sollte. Ohne dieses Bild gibt es kein Urteil darüber, was besser wäre. Kein gemachtes Bild tritt zwischen mich und ihn und zwischen die Wirklichkeit, wie sie sich zeigt. Dadurch ist ein Zweites möglich, das auch zur Achtung gehört: Ich liebe das Wirkliche, wie es sich zeigt. Das heißt, ich liebe mich wie ich bin, ich liebe den anderen, wie er ist, und ich liebe, wie wir unterschiedlich sind. Danach ist noch ein Drittes möglich, vielleicht das Schönste, das ebenfalls zur Achtung gehört: Ich freue mich über das Wirkliche, wie es sich zeigt. Diese Achtung hält Abstand und ist möglich, ohne dass wir etwas von einander wollen. (Hellinger 2003)

Eine afrikanische Begrüßung, man könnte fast sagen, ein Begrüßungsritual, zeigt uns die Kraft der Begegnung im Jetzt. Wenn zwei Menschen sich begegnen, sagt der eine: »Ich sehe dich.« Der andere antwortet: »Ich bin hier.« Der Erste sagt darauf: »Schön dich zu sehen«, und der andere vollendet die Begrüßung mit: »Schön, dass ich hier bin.«

Wir nehmen nicht nur zurück, was wir unberechtigt dem anderen gegeben haben, sondern wir nehmen auch zurück, was der andere freiwillig für uns getragen hat (siehe Abbildung 4, Austauschform 12). Dies braucht Mut und gibt uns und dem Gegenüber, wenn wir diesen Schritt gemacht haben, Kraft und Würde.

Kapitel 17
Bitte gib es mir zurück

Wir merken, ob in unserem psychischen Innenraum etwas fehlt. Wir nehmen dies körperlich wahr, und oft können wir uns noch Jahre später daran erinnern, wann das Fehlende weggekommen ist. Oft suchen wir die Nähe eines Menschen, der das hat, was uns fehlt oder was uns verloren gegangen ist. Häufig zeigt sich, dass das, was wir verloren haben, wir unbewusst bei einem Partner zu finden hoffen. Was wir vermissen, wünschen wir beim Partner anzutreffen und von ihm zu erhalten. Doch diese einfache Übernahme täuscht, denn das, was wir verloren haben, kann nicht durch etwas Ähnliches ersetzt werden.

Das macht Sinn, wenn wir bedenken, dass Abhandengekommenes ein eigenes Gefühl, eine eigene Erfahrung oder ein eigenes Bild betrifft. Finden wir bei einem Partner, wenn er es zulässt, ein ähnliches Gefühl, so kann dies zwar vergleichbar, aber nie dasselbe sein.

Kraftvoll wäre es, wenn wir das Verlorengegangene beim Zuständigen zurückholen würden – auch wenn es schwerfällt. Wenn wir diesen mutigen Schritt machen, werden wir dafür belohnt. Das Zurückholen schafft Klarheit und stärkt uns und die Beziehung.

Wir können mittels eines Rituals oder einer Imagination unser Eigenes zurückholen (siehe Abbildung 4, Spalte 10).

››*Leo ist ein 42-jähriger Mann, der eine schwere Kindheit erlebt hat. Seine Eltern stritten oft und sein Vater, der zu viel Alkohol trank, war gegenüber den Kindern verbal und physisch gewalttätig. Nachdem Leo das Belastende, u. a. die Wut seinem Vater bereits zurückgegeben hatte, stellt er sich in einem ruhigen Moment seinen Vater ihm gegenüberstehend vor. Nachdem sein Vater vor seinem inneren Auge erschienen ist und Leo bemerkt, wie er auf diese imaginäre Begegnung im Stehen körperlich reagiert, sagt er zu seinem Vater: »Papa, ich bin jetzt hier, um mein verlorengegangenes Selbstvertrauen und meine verlorengegangene*

Lebensfreude zurückzuholen. Bitte, gib sie mir wieder zurück«. Leo stellt sich vor, wie die beiden Gefühle in irgendeiner Form vor den Füßen seines Vaters auf dem Boden liegen. Langsam geht er zu seinem Vater, beugt sich hinunter und hebt die symbolisierten Gefühle auf. Rückwärtsgehend bewegt er sich an seinen Platz zurück und nimmt die Gefühle in sich hinein. In seinem Herz vollzieht sich bildlich und körperlich eine Wiederherstellung, eine innere Heilung, wobei sein Eigenes wieder seinen richtigen Platz bekommt.

Im Jetzt gelingt das Zurückholen zum Beispiel, wenn jemand einen Teil unserer Verantwortung an sich genommen hat, indem wir die entnommene Verantwortung als unsere eigene deklarieren. Heikel und oft nur mit einem Ritual ausführbar ist die Rücknahme der eigenen Würde. Hierbei benötigen wir manchmal auch therapeutische Hilfe, vor allem dann, wenn wir als Kind regelmäßig gedemütigt wurden.

Möglicherweise spüren wir auch, dass etwas verlorengegangen ist, ohne dass damit ein Mitmensch in Verbindung gebracht werden kann. Das Verlorengegangene kann auch nicht immer rekonstruiert oder benannt werden. Wir nehmen eine Leere wahr, die mit Einsamkeit und mit einer sinnesleeren, dürren Fläche in Verbindung gebracht wird und oft eine tiefe Trauer hervorrufen kann.

Das Gefühl, es fehle etwas, kennen wir vielleicht, wenn wir zum zweiten Mal ein Zimmer betreten, wo unterdessen ein Bild abgehängt wurde. Wir vermissen etwas, aber wir können nicht festmachen, was es ist. In diesem Fall kann es sein, dass der Verlust in der Kindheit stattgefunden hat. Mit der Kindheit geht oft mehr als nur die Unschuld verloren. Es kann aber auch sein, dass bei einem Umzug, bei einer Immigration oder bei einem Klassenwechsel etwas verlorengegangen ist. Auch ist bekannt, dass bei einem Unfall, bei einem Trauma, bei einer Operation, bei einer durch Gewalt hervorgerufenen Körperverletzung oder bei einer Naturkatastrophe »Seelenanteile« verlorengehen können. Diese sind schwer einzuordnen. Der Verlust kann dann nicht einer Person zugeordnet werden. Da gibt es oft etwas Größeres, das für den Verlust verantwortlich ist: Ein Sturm, der über unseren Garten hinwegfegt und einen Baum entwurzelt oder ein Dammbruch, der zur Überschwemmung führt. Hier kann vieles verlorengehen, ohne dass ein Mensch diese Ereignisse hätte beeinflussen können.

Sandra Ingerman beschreibt, wie sie in ihrem psychotherapeutischen Setting auf der Suche nach verlorenen Seelenteilen schamanische Heilmethoden einsetzt (Ingerman 2002). Ohne die im Schamanismus vorgesehene Trommelmusik kann diese »Rückholreise« als begleitete Imagination eine ähnlich heilende Kraft entwickeln, wie wir das bereits bei vorhergehenden Ritualen kennengelernt haben. Hierbei wird das Verlorene z. B. in einer Landschaft, in Form eines Symbols wiedergefunden und kann wie in einem energiegeladenen Sinnbild in den Alltag zurückgebracht werden. Diese Vorstellung begleitet uns, bringt bei uns etwas in Bewegung und unterstützt uns in schweren Zeiten. Oft ändert das Symbol das Zurückerhaltene unseres Selbstbildnisses. Vor allem empfinden wir eine neue, wohltuende Ganzheit. Es scheint, dass sich die Wirkung dieser Rückholreise zeigt, indem das Vermisste wieder als zugehörig empfunden wird, auch wenn das Symbol nicht immer gedeutet werden kann.

Wenn wir uns in unserem Innenraum nicht wohl fühlen, gibt es dafür viele Gründe. Nicht nur, weil wir Aufgaben, Gefühle oder Verantwortung vermissen oder ungewollt erhaltene, ich- fremde Bilder und Ansichten besitzen, sondern auch, weil wir in unserem Raum unbeabsichtigt angeeignete fremde Bilder und Gefühle haben. In unseren Besitz Genommenes zeigen wir unseren Gästen lieber nicht. In Besitz Gebrachtes zurückzugeben ist für uns eher ungewöhnlich. In unserem Beziehungsmodell macht es aber Sinn, an sich Genommenes, Ich-Fremdes zurückzugeben (siehe Abbildung 4, Seite 59, Austauschform 9).

»*Yasmin ist 14 Jahre alt und kommt stolz nach Hause, weil sie im Nähunterricht eine Bluse entworfen und genäht hat. Voller Freude zeigt sie das neue Kleidungsstück ihrer Mutter. Sie zieht es an und läuft spielerisch wie ein Model vor ihr hin und her. Die Mutter reagiert darauf folgendermaßen: »Du hast es viel zu klein genäht, du kannst ja kaum die*

Arme bewegen, ohne dass die Nähte aufplatzen.« Yasmin bleibt stehen, schaut sie ungläubig an und sagt: »Das darf ja nicht wahr sein, ist dies das Einzige, was du dazu zu sagen hast?« Sie stampft mit den Füßen auf, dreht sich um und verlässt wütend den Raum. Es ist klar, was hier passiert ist. Die Mutter hat, aus welchen Gründen auch immer, der Tochter ihre Freude genommen. Yasmin merkt dies unverzüglich, es wird ihr augenblicklich klar, dass ihr etwas weggenommen wurde. Beide, Mutter wie Tochter, können das Geschehene nicht einordnen. Wenn Yasmin im Nachhinein bewusst wird, was geschehen ist, könnte sie zu ihrer Mutter hingehen und sagen: »Liebe Mama, gib mir bitte meine Freude wieder zurück.« Die Mutter könnte antworten: »Es tut mir leid, ich wollte dir deine Freude nicht nehmen, ich gebe sie dir wieder zurück. Dass ich so reagiert habe, hat nichts mit dir oder mit deiner Bluse zu tun.«

Das Zurückgeben gibt beiden Kraft und verbindet Mutter und Tochter wieder. In diesem Beispiel können wir gut nachempfinden, wie die unbewusste Wegnahme den beiden Kraft nimmt und die Rückgabe ihnen wiederum Kraft gibt.

Kapitel 18
Schenken und Danken

Am Anfang ist die Gabe, schreibt Berking in seiner anthropologischen Studie des Gebens (Berking 1996). Das ideale Geschenk gibt Kraft, ist ein Teil von mir und natürlich von Herzen, und ist eindeutig auf dich bezogen. Wie wichtig der Stellenwert der privaten Geschenkökonomie ist, zeigt der Anteil der Konsumausgaben privater Haushalte in England, der für Geschenke aufgewendet wird. Dieser betrug in einer schon älteren Studie von Caplow 4,3 % aller Konsumausgaben – ein finanzieller Rahmen, dessen Größenordnung die Bedeutung anderer ökonomischer Sektoren weit übertrifft (Caplow 1984).

Ein familienzentriertes Beziehungsnetz, das die Eltern, zwei Kinder und die Großeltern umfasst, würde schon unter Ausschluss aller Geselligkeitsanlässe, aller Freundschafts- und Nachbarschaftsbeziehungen eine Geschenkökonomie von um die 220 Transaktionen jährlich entfalten, wobei jede einzelne Person, je nach Position und Geschlecht, zwischen 23 und 36 Akte des Gebens und Nehmens zu realisieren hätte (Berking 1996). Sie können sich vorstellen, wie viele Gaben wir tätigen, wenn wir den positiven Austausch von Bildern, Erfahrungen, Gefühlen, Ansichten, Aufgaben und Verantwortung einbeziehen würden.

Wie wir in diesem Kapitel sehen werden, macht es Sinn, das Schenken genauer anzuschauen, und zwar sowohl aus Sicht des Schenkenden als auch des Beschenkten. Wir werden sehen, dass uns auch hier eine Differenzierung weiterhelfen kann, verschiedene zwischenmenschliche Austauschformen besser zu verstehen (siehe Abbildung 4, Austauschform 1).

Beginnen wir mit der Frage, ob ein schön eingepacktes, teures Geschenk, das bei einer festlichen Gelegenheit überreicht wird, wirklich in die Kategorie »A schenkt B Gutes« eingeordnet werden kann. Dies ist leider, wie das nächste Beispiel zeigen wird, oft nicht der Fall.

»Melanie erhält von ihrer Mutter zu ihrem 36. Geburtstag eine schöne Seidenbluse, entworfen von einem bekannten Modedesigner. Es ist die teuerste Bluse, die Melanie je bekommen oder selbst gekauft hat. Als sie die Bluse anzieht, merkt sie jedoch, dass etwas an diesem Geschenk nicht stimmt. Erst später erfährt sie, dass ihre Mutter das Kleidungsstück für sich gekauft hatte, im Laden begeistert war, zu Hause aber erst merkte, dass ihr die Bluse nicht richtig passte. Da sie das Kleidungsstück trotzdem einen ganzen Tag getragen hatte, weigerte sich das Geschäft, die Bluse zurückzunehmen. Sie war frustriert und verärgert und beschloss, das Geschäft von nun an zu boykottieren. Später kam ihr in den Sinn, sie könnte ihrer Tochter die Bluse zum Geburtstag schenken und von dem Geld, das sie somit sparte, etwas anderes für sich kaufen. Melanie erhielt also nicht ein liebevoll ausgewähltes Geschenk, etwas Wertvolles, weil ihre Mutter sie so liebt, sondern indirekt den Frust und den Ärger. Zudem ermöglichte das Geschenk der Mutter, sich selbst etwas Passenderes zu kaufen.

Geschenke können belastend sein, und es macht Sinn, wenn man dies spürt, das Geschenk zurückzugeben. Als Melanie die Vorgeschichte der seidenen Bluse erfuhr, gab sie ihrer Mutter das Geschenk zurück. Sie fühlte sich erleichtert. Zwei Wochen später kam ihre Mutter unerwartet vorbei, diesmal mit einem liebevoll ausgesuchten, wunderschönen Geschenk für sie.

Geschenke können auch eine Form von Beeinflussung sein. Geschenke, die den Empfänger mehr als normal unter Druck setzen und zwar mit einem beabsichtigten Zweck oder Ziel, sind keine Geschenke. Das Geschenk ist dann eine Äußerung: »Ich will etwas von dir«. Meistens ist dieses »Etwas« größer und wertvoller als das Geschenk. Auch hier kann der Empfänger seinem Gefühl folgen und sich fragen, was gibt mir mehr Kraft, das Geschenk anzunehmen und den Wunsch zu erfüllen oder das Geschenk verweigern und Klarheit in die Beziehung bringen. Geschenke sind kraftvoll, wenn sie bedingungslos sind. Das Geschenk ist im Idealfall ein freiwilliges, durch die reine Absicht des Gebens motiviertes, sich jenseits von Schuld und Erwiderungspflicht situierendes, einzig auf die Person des Anderen gerichtetes Zeichen der Anerkennung (Berking 1996).

Kommen wir zu den wirklich kraftvollen Geschenken. Sie stammen aus unserem eigenen Garten, sind vielleicht typisch für uns. So verschenkt der Besitzer eines wunderschönen Rosengartens Rosen, ein anderer mit einem reichen Kräutergarten Rosmarin und Salbei. Wir können aus Freude schenken, aus Liebe zum Beschenkten. Wir können schenken, weil wir festgestellt haben, dem anderen könnte unser Geschenk Freude bereiten. Oder wir können schenken, weil der andere uns darum gebeten hat. Wir können schenken, um etwas zu feiern. Wir können schenken als Teil eines Rituals und wir können schenken aus Dankbarkeit, z. B., dass wir schon so lange unsere Freundschaft genießen dürfen. Wir können das Du mit dem Geschenkten überraschen, wir können die anderen das Geschenk auswählen lassen, wir können das Geschenk ankündigen. Wir können dem Geschenk gute Gefühle beifügen, ein Liebesbild beilegen, eine hilfreiche Erfahrung dazutun oder auch eine wertvolle Ansicht einschließen. Weggegebene Geschenke hinterlassen bei uns keine Lücke.

Jedoch nicht immer kommen die schönen, liebevollen Geschenke an. Dies hat nicht immer etwas mit uns zu tun, es sei denn, wir begleiten es z. B. mit einer Mitteilung, die dem Geschenk etwas Belastendes beifügt, wie im Beispiel oben. Auch wenn dies nicht der Fall ist, können gut gemeinte Geschenke nicht ankommen. Dies ist der Fall, wenn das Geschenk und der Schenkende nicht gewürdigt werden. Wer nicht dankbar für ein Geschenk sein kann, dem geht es wie dem Pferd von Baron von Münchhausen. Es trinkt durstig Wasser, das hinten sofort wieder austritt.

»*Marianne und Mike*

Das nächste Beispiel zeigt, wie unfähig Marianne leider ist, das Geschenk ihres Mannes zu würdigen. Mike schenkt ihr zum 12. Hochzeitstag einen sehr teuren, hellrosa Pullover. In ihrem Lieblingsgeschäft hat er ihn ausgesucht, und als er sich vorstellte, wie ihr das Kleidungsstück stehen würde, hat er eine fröhliche Leichtigkeit verspürt. Im Postkartenladen wählte er eine romantische Karte mit einem sich küssenden Paar aus und schrieb darauf: »Für meine wundervolle Frau, in Liebe dein Mike«. Als sie das Geschenkpaket öffnete, kam die Ernüchterung. Sie erkannte sofort die sehr gute Qualität des Pullovers und vermutete einen entsprechend hohen Preis. Sie sagte: »Ich wusste nicht, dass wir uns solch teure Einkäufe leisten können«, und machte eine Anspielung auf die Kaffeemaschine, die sie sich sehnlichst wünschte und die bisher aus finanziellen Gründen nicht angeschafft werden konnte. Darauf benahm sie sich plötzlich wie ein kleines Kind, machte eine Unschuldsmiene und sagte: »Ich bin es ja gar nicht wert, solch teure Kleider zu tragen. Bisher habe ich mich auch mit Ausverkaufs- und Billigprodukten begnügen können.« Als Mikes Stimmungsbarometer ziemlich auf dem Tiefststand angelangt war, sagte sie: »Du weißt doch, dass Rosa nicht meine Lieblingsfarbe ist, ich glaube, du kennst mich nach so vielen Jahren immer noch nicht.«

Innerhalb kürzester Zeit hatte das Geschenk seine Kraft verloren und nicht nur Mike war frustriert, sondern auch Marianne war bedrückt. Sie hatte unglücklicherweise die Chance verpasst, etwas Schönes von Mike zu genießen und seine Liebe entgegenzunehmen.

Manchmal passiert es uns, dass wir etwas Positives erhalten, ohne dass uns das bewusst wird. Wir können blind und taub sein für unser Gegenüber und seine Gabe. Es kann sein, dass wir in unserem Besitz liebevoll ausgesuchte und wertvolle Geschenke haben, ohne dass uns dies bewusst ist, ohne dass die positive Energie des Geschenks zur Geltung kommen kann. Es ist, als ob wir eine farbenprächtige Pflanze irgendwo in einer dunklen Ecke abgestellt hätten, wo sie unglücklicherweise ihre Kraft und Schönheit nicht entfalten kann.

Wenn wir jemandem etwas Schönes schenken, und es anschließend wieder zurücknehmen, nimmt dies uns beiden Kraft (siehe Abbildung 4, Austauschform 7). Obwohl ich mir nicht so sicher bin, ob dies auch anders empfunden werden kann, habe ich es in seltenen Fällen erlebt, dass diese Austauschform trennt.

Es gibt eine kraftvolle Geschenkmeditation, die ich gerne mit Ihnen teilen möchte, es ist die Meditation des Gabentisches.

Suchen Sie sich einen ruhigen Ort aus, wo Sie sich wohl fühlen und setzen Sie sich bequem in einen Stuhl oder auf den Boden. Machen Sie die Atemübungen, die Ihnen helfen, zu sich zu kommen, sich zu entspannen, die Sie Ihre Mitte finden lassen.
Stellen Sie sich eine freundliche helle Landschaft vor, sehen Sie die Farben und die Linien, das Grün der Wiesen und das Blau des Himmels. Sie gehen auf einem Weg durch diese Landschaft. Sie hören Ihre Schritte, das Läuten der Glocken einer entfernten Kirche und das Rauschen des Windes im Kornfeld. Es riecht nach frisch gemähtem Gras oder vielleicht auch nach salziger Meeresluft. Die Sonne erwärmt Ihre Haut und der Wind weht durch Ihre Haare. Sie gehen auf diesem Weg und in der Ferne taucht ein Wald auf. Der Weg führt in diesen Wald, und Sie wissen, es ist gut so. Als Sie sich dem Waldrand nähern, sehen Sie einen langen schmalen Tisch, der mit einem weiß bestickten Tischtuch festlich gedeckt ist. Der Tisch ist leer. Sie wissen, dass jetzt ein feierlicher, wichtiger Moment gekommen ist. Sie stehen in abwartender Haltung am linken Tischende, als plötzlich aus dem Wald Ihre Mutter auftaucht. Sie ist gut gelaunt, hübsch gekleidet und hat mehrere Geschenke für Sie dabei. Sie legt jedes einzelne auf den Tisch. Das eine erkennen Sie sofort, das andere ist ein Symbol, das nächste ist geschmackvoll eingepackt. So viele Geschenke haben Sie von ihr bekommen, Sie haben das bisher gar nicht richtig wahrgenommen. Jetzt, wo Sie diesen Reichtum sehen, spüren Sie Glück und Dankbarkeit. Sie gehen zu Ihrer Mutter und umarmen sie. Als Sie liebevoll lachend wieder am Tischende stehen, taucht Ihr Vater aus dem dunklen Wald auf. Er ist groß und kräftig und strahlt. Auch er hat Geschenke mitgebracht und legt sie sorgfältig auf den Tisch. Viele Gaben erkennen Sie wieder. An einige können Sie sich nur mit Mühe erinnern und einzelne sind unverkennbar von ihm, Sie haben sie jedoch bisher nicht als solche empfunden. Sie atmen tief durch, so vieles haben Sie von Ihren Eltern erhalten.
Sie können es gar nicht glauben, dieser wundervolle Augenblick geht noch nicht zu Ende. Auch Ihr älterer Bruder und Ihre beiden Schwestern bringen

Ihnen Geschenke. Dies alles gehört Ihnen! Es geht weiter. Ihr erster Partner legt auch die Geschenke, die er Ihnen während der gemeinsamen Jahren gegeben hat, auf den Tisch. Sie wundern sich über sich selbst. Da gibt es so viele Kostbarkeiten, die Sie gar nie bemerkt haben. Der jetzige Partner, Freunde, Ihr Lehrer und auch Ihre Kinder haben an diesem Tisch einen Platz gefunden. Sie stehen jetzt in der Mitte der Tafel und machen ein paar Schritte rückwärts. Ihr Blick wandert langsam von links nach rechts. Ihr Reichtum überwältigt Sie und eine tiefe Dankbarkeit berührt Ihr Herz. Dies ist Ihr Gabentisch, und all dies gehört Ihnen. Sie werden diese Geschenke mitnehmen in Ihren Alltag und ihnen in Ihrem Leben einen Platz geben. Geschenke dürfen, wenn Sie gewürdigt worden sind und wenn sie in Ihrem Besitz eine Zeitlang verweilen durften, weitergereicht werden.
Mit diesem Bild von all diesen lieben Menschen, von all diesen wunderschönen Geschenken, gehen Sie zurück auf Ihren Weg, zurück zur Stadt oder zum Dorf, von wo Sie herkamen, zurück zu Ihrem Partner und zu Ihrer Familie, zurück in Ihren Alltag, in Ihre Mitte, wo alle diese Gaben jetzt einen fruchtbaren Platz gefunden haben.

Geschenke können ihre Kraft behalten, wenn wir sie zu uns nehmen, sie würdigen und dankbar dafür sein können. Mit Dankbarkeit gelingt es uns auch, das Geschenk mit anderen zu teilen und weiter zu schenken. Dankbarkeit ist an sich ein Geschenk, welches wir meistens von einer größeren Kraft geschenkt bekommen.

Kapitel 19
Glück, Kraft und Segen spenden

Im folgenden Abschnitt werden wir uns mit den vielen Möglichkeiten, die wir zur Verfügung haben, »Gutes zu tun«, befassen. Dabei werden wir unterscheiden zwischen »Gutes tun« im Leben eines anderen und »Gutes tun« im eigenen Innenraum, zum Beispiel wenn wir einen Gast zu Besuch haben. Es geht im Folgenden also nicht darum, was wir Gutes für uns selbst tun können, sondern wie wir anderen unser Glück, unsere Kraft und unseren Segen geben oder mit ihnen teilen können.

Unser Besuch im Lebensraum unserer Partnerin oder unseres Partners beginnt mit einer inneren Vorbereitung auf die Hin-Bewegung. Wenn wir uns innerlich dem anderen zuwenden, genügt ein freundlicher Blick, ein: »Schön, dass ich dich sehe«.

Es ist ein Aufeinanderzugehen, ein Zum-anderen-Gelangen, ein Beim-anderen-Verweilen, das die Begegnung zur wirklichen Zusammenkunft werden lässt. Dies ist es auch, was das Menschsein zum Menschwerden macht oder wie Martin Buber sagt: »Alles wirkliche Leben ist Begegnung« (Buber 1995).

»*Klaas und Beth*

Es ist Sonntagmorgen, Klaas ist schon aufgestanden, hat sich einen Kaffee gemacht und liest auf dem Sofa sitzend die Sonntagszeitung. Er hört die Schritte seiner Frau, die mit ihren südamerikanischen Hausschuhen die Treppe herunterkommt. Klaas blickt von der Zeitung hoch und sieht, wie Beth zur Küche geht. Ihre Haare sind ungekämmt, und aus ihrer Körperhaltung lässt sich schließen, dass sie noch nicht ganz wach ist. Klaas sieht die Schönheit ihres Wesens und erblickt auch die Schwere ihrer Lebensgeschichte. Ihr Leiden gibt ihr etwas Erhabenes. Er blickt nach innen und schaut liebevoll auf seinen eigenen Schmerz. Ein sanftes Stechen in der Brust macht sich bemerkbar und er fühlt einen Drang, wegrennen zu wollen. Er stimmt dem Herzschmerz zu, dieser löst keine

Angst mehr aus, das war früher anders. Klaas möchte jetzt seiner Frau etwas schenken, etwas aus seinem tiefsten Innern. Von Liebe erfüllt sagt er leise: »Beth, …«. Bevor er den Satz beenden kann, steht sie in der Tür zum Wohnzimmer. Sie schaut ihn mit offenen, freundlichen Augen an. Klaas sagt: »Beth, nach so vielen gemeinsamen Jahren mit dir spüre ich eine fortdauernde große Freude, wenn ich dich sehe«. Klaas steht auf und geht behutsam auf sie zu. Innerlich überprüft er, wie nahe er sich ihr nähern darf. Als er vor ihr steht, fragt er: »Darf ich dich umarmen?« Diesem wunderschönen Menschen begegnen zu dürfen, Beth in ihrer Ganzheit wahrnehmen zu dürfen, erfüllt ihn mit großer Dankbarkeit. Eine angenehme Wärme füllt seinen Brustkorb. Es ist, als ob sein Körper sich mit einer wohltuenden Leichtigkeit ausdehnt. Sie schauen sich in die Augen. Klaas fragt nicht, wie sie geschlafen hat, warum sie zweimal aufgestanden ist. Er merkt, dass sie allein sein will, mit sich sein will. Er geht zurück zu seiner Zeitung. Dort ist er überrascht, wie gut ihm der kalte Kaffee schmeckt. Mit einem inneren Lächeln nimmt er einen Schluck und liest weiter in seiner Sonntagszeitung.

Nachdem Beth sich geduscht und angezogen hat, setzt sie sich in einen Sessel gegenüber von Klaas. Er legt seine Lektüre beiseite und wendet sich ihr zu. Beth sagt: »Es ist gut, dass wir die Sonntagszeitung abonniert haben, ich sehe, du kannst dich beim Lesen richtig entspannen«. Klaas bemerkt, dass Beth ihn in seiner Einheit wahrnimmt. Er empfindet eine freudvolle Unbekümmertheit.

»Darf ich dich zu einem Kaffee oder eine Tasse Tee einladen?«

»Gerne«, antwortet sie, »einen Tee ohne Zucker«. Sie lehnt sich bequem im Sessel zurück und schaut ihm zu, wie er die Tasse aus dem Schrank nimmt und in die Küche geht. Dort denkt Klaas, dieses Wasser koche ich für sie mit Liebe, dieser Tee wird ihr Kraft geben. Das achtsam zubereitete Getränk weiht einen neuen Tag ein, einen Tag, der ganz den beiden gehört, Klaas und Beth.

Wenn wir unsere Beziehungen achtsam leben wollen, brauchen wir dafür die richtige innere Haltung, in der wir die Gegenwart wach erleben wollen, den zwischenmenschlichen Austausch bewusst erfahren möchten und den Wunsch haben, die Grenzen des anderen achtungsvoll wahrzunehmen. Im folgenden Beispiel können wir diese innere Haltung nochmals gut spüren und versuchen, sie anzunehmen.

Behutsam nähere ich mich der anderen Person mit all ihren Gefühlen, Bildern, Erfahrungen, Ansichten und Aufgaben. Ich öffne mich für die Schönheit ihres Wesens und verneige mich innerlich vor ihrem Schicksal und vor den geheimen, schmerzhaften Orten ihres psychischen Innenraums. Im Geiste stehe ich eine Weile still, blicke zurück auf meinen Weg und gehe die nächsten Schritte, bis ich vor ihr innehalte.

Ich trete nur mit Erlaubnis in ihre Innenwelt, stelle keine neugierigen Fragen. Ich überreiche ihr mein Geschenk, das ich mitgebracht habe, ich biete ihr mein Können, Wissen und meine Kraft an, vielleicht kann ich ihr bei irgendetwas behilflich sein. Hier können wir uns auch lieben. Hier darf ich mich zärtlich berühren lassen, und ich zeige ihr meine Liebe. Ich spüre, wann die Zeit gekommen ist zu gehen, ich merke, wenn es für mich stimmt, zurückzukehren. Auch wenn ich gerne länger bleiben würde, nehme ich wahr, ob sie wieder für sich allein in ihrem Raum sein will. Wenn ich mir nicht sicher bin, kann ich sie danach fragen. Wenn sie gern möchte, dass ich länger bleibe, verweile ich vielleicht noch einen kurzen Augenblick, und dann gehe ich und verabschiede mich. Ich danke ihr für ihre Gastfreundschaft und für die Zeit, die ich mit ihr verbringen durfte. Ich freue mich, wenn sie eines Tages auch mich besuchen wird.

Am nächsten Tag schlendere ich singend durch die Wohnung, da sehe ich meine Liebste auf mich zukommen. Ich wende mich ihr zu und gehe ihr freudvoll entgegen. Ich öffne mich ihr und lade sie in meine Gefühls- und Erfahrungswelt ein.

Dort verbringen wir eine schöne Zeit miteinander.

Nachdem sie gegangen ist, kehre ich zurück zu meiner Melodie und singe weiter, wo ich aufgehört habe. Das Lied klingt nach ihrem Besuch irgendwie anders, es gefällt mir und ich freue mich darüber.

Kapitel 20
Ist eine Grenzüberschreitung ein Trauma?

Nachdem in den siebziger Jahren des letzten Jahrhunderts festgestellt wurde, dass bei den amerikanischen Kriegsveteranen ein Zusammenhang besteht zwischen ihren psychischen Erkrankungen und den in Vietnam gemachten Erfahrungen, wurde das psychische Trauma für die Psychiatrie zunehmend wichtiger und interessant. Viele Forschungen mit Katastrophenopfern führten danach dazu, dass ein neues psychisches Krankheitsbild formuliert wurde, die »Posttraumatische Belastungsstörung«. Die Internationale Klassifikation der Krankheiten (International Classification of Diseases – ICD-10) definiert die Posttraumatische Belastungsstörung (PTBS)/ Posttraumatic Stress Disorder (PTSD) (ICD-10 F43.1)

> (…) als eine verzögerte oder protrahierte Reaktion auf ein Ereignis, welches mit außergewöhnlicher Bedrohung oder katastrophenartigem Ausmaß einherging und das bei fast jedem eine tiefe Verzweiflung hervorrufen würde. (Dilling et al. 2015)

Diese Störung folgt einem schweren Trauma, z. B. Naturkatastrophen, Terrorismus oder Folter, mit einer Latenzzeit von Wochen bis zu Monaten. Charakteristisch ist, dass die Betroffenen Aspekte des Traumas in sich aufdrängenden Erinnerungen, Träumen und dem Trauma ähnlichen Alltagssituationen wieder erleben. Sie reagieren häufig mit entsprechendem Vermeidungsverhalten, emotionalem Rückzug, Gefühlsabstumpfung sowie mit verschiedenen ängstlichen, depressiven und dissoziativen Symptomen (Dilling et al. 2015).

Bei einer amerikanischen Studie, bei der tausende von Männern und Frauen befragt wurden, ergab sich, dass 40 % dieser Gruppe im Lauf der letzten drei Jahre ein traumatisches Erlebnis hatten. Am häufigsten wurden dabei folgende Ursachen genannt: Vergewaltigungen, Überfalle, schwere Unfälle, Miterleben einer Situation, in der ein anderer Mensch getötet oder schwer verletzt wurde (Levine 1998). In den erwähnten Beispielen ist es offensichtlich, dass es sich um ein Trauma handelt. Trauma bedeutet Verletzung. Auf der psychischen Ebene ist ein Trauma jedoch schwerer nachzuweisen, und wie wir noch sehen werden, sind wir uns, wenn wir unser Beziehungsmodell anwenden, meistens gar nicht bewusst, ein Trauma erlitten zu haben.

Der Traumaforscher Peter Levine beschreibt ein Trauma als eine bedrohliche Situation, wobei es zu einem außergewöhnlich starken Erregungszustand kommt, eine psychophysische Kontraktion, eine Dissoziation (Abspaltung) und vor allem ein starkes Gefühl der Hilflosigkeit und Immobilität, die er auch Erstarrung nennt. Ein Trauma entsteht seiner Ansicht nach durch einen natürlichen physiologischen Prozess als Reaktion auf eine erkannte Bedrohung, die nicht zum Abschluss gelangte. Ein Trauma führt also zu einer psychisch-körperlichen Veränderung, die während vieler Jahre fortdauern kann, bis sie aufgelöst wird (Levine 1998). Es gibt mehrere therapeutische Ansätze, wie es zur Auflösung dieser in der Erstarrung angestauten Energie kommen kann.

Versuchen wir einmal, das Trauma in unserem Beziehungsmodell anhand eines Beispiels anzuschauen.

»*Zaïna ist eine 38-jährige Frau, die seit zehn Jahren verheiratet ist. Aus ihrer Ehe stammt ein Sohn, der mittlerweile sieben Jahre alt ist. Vor drei Jahren hat ihr Mann Gino seine Stelle verloren und ein Versuch, sich selbstständig zu machen, scheiterte. Ein großer Schuldenberg, Arbeitslosigkeit und zunehmende Zweifel an seinen Fähigkeiten führten dazu, dass Gino sein Heil im Alkohol suchte. Der Alkohol konnte seine Unzufriedenheit jedoch nur vorübergehend unterdrücken. Gino wurde zuerst verbal aggressiv und später Zaïna gegenüber gewalttätig. Trotz mehrerer sehr heftiger und kränkender Szenen, bei denen es auch zu körperlichen Verletzungen kam, konnte sie sich nicht von ihm trennen. Als er eines Tages versuchte, sie die Treppe hinunterzustoßen, flüchtete sie mit ihrem Sohn ins Frauenhaus.*

Wir schauen uns diese traurige Geschichte, die leider in vielen Varianten tausendfach im Jahr stattfindet, einmal präziser an, vor allem in Bezug auf die erlittenen Traumata von Zaïna. Es ist klar, dass auch Gino Traumata erlitten hat, der Einfachheit halber beschränken wir uns jedoch auf die seiner Frau.

Beginnen wir beim Schlimmsten, bei den wiederholten Körperverletzungen. Beim unerwünschten Eindringen in ihren Raum verletzt er ihre Grenze. Sobald er sich mit seiner Wut in ihrer Innenwelt befindet, hat er sie gleichzeitig mit seiner Wut, seiner Frustration und seiner Hilflosigkeit belastet. Das heißt also, was eigentlich ihm gehört, liegt jetzt in ihrem psychischen Raum. Zudem nimmt er ihr mit seinem Gewaltakt auch vieles weg. Das Wichtigste davon ist möglicherweise das Vertrauen in die Mitmenschen. Wenn er völlig unkontrolliert agiert, ist es wahrscheinlich, dass auch schöne Erinnerungen, Zuneigung und Respekt dabei Schaden nehmen. Schlussendlich geht er so weit, dass er Zaïna körperlich verletzt. Wir sehen an diesem Beispiel, dass körperliche Gewalt fast immer zu Verletzungen oder Traumata auf mehreren Ebenen führt. Durch den Gewaltakt ist in ihrem psychischen Innenraum große Verwirrung entstanden, wobei es für sie nicht so leicht sein wird, innerhalb kurzer Frist wieder eine wohltuende Ordnung herzustellen.

Bevor wir zur Wiederherstellung, zur Behandlung, übergehen werden (wir werden die Heilungsmöglichkeiten im nächsten Kapitel anschauen), richten wir unsere Aufmerksamkeit auf Zaïnas Reaktion gegen ihren betrunkenen Ehemann. Zaïna realisiert sofort, als sie den wutentbrannten, außer sich geratenen Ehemann auf sich losstürmen sieht, dass sie und ihr psychischer Raum in Gefahr sind. Zaïna bereitet sich sofort körperlich auf Kampf oder Flucht vor. Oft fühlen wir in solchen Momenten eine sehr starke Angst, was nur bedeutet, dass wir uns bereits auf der höchsten Alarmstufe befinden. Zaïna hat nur wenig Zeit, sich zu entscheiden, ob sie sich schützend vor die Öffnung ihres Territoriums stellen will, um ihren Ehemann davon abzuhalten, in ihren Bereich einzudringen oder zu fliehen. Das Risiko des Kampfes ist die Körperverletzung. Gewinnt sie den Kampf, hat sie die Unordnung in ihrem Gebiet und den Schaden an ihrer Abgrenzung vermeiden können. Schätzt sie ihren Mann als stärker ein, bleibt ihr nur die Flucht. Hierbei hat sie zwei Möglichkeiten. Sie verlässt ihren mentalen Raum, flieht weit weg und kommt irgendwann zurück, um den Schadenbestand aufzunehmen.

Die Entfernung vom eigenen Ich, vom eigenen psychischen Innenraum – wobei Zaïna aus der Distanz wahrnimmt, wie Gino in ihrem Raum tobt – könnte man mit der oft beschriebenen Abspaltung der Gefühle oder Dissoziation in Zusammenhang bringen. Der angerichtete Schaden ist oft so groß, dass z. B. nach einem sexuellen Missbrauch oder einer Vergewaltigung die Leidtragenden viel Zeit benötigen, bis sie den Mut aufbringen, sich den eigenen Gefühlen und Bildern wieder einen Schritt zu nähern. Der schmerzende Anblick der Zerstörung und der fehlende Glaube, das Eigene wieder neu gestalten zu können, führen oft dazu, dass ein Aufenthalt außerhalb des eigenen Raumes bevorzugt wird.

Die zweite Fluchtvariante ist der Rückzug in den eigenen psychischen Innenraum. Sich klein machend, darauf hoffend, nicht gesehen und gehört zu werden, sieht Zaïna mit Todesängsten zu, wie Gino in ihrem Raum wütet. Sie ist in völliger Machtlosigkeit Zeugin, wie geliebte und wertvolle Teile zerstört und ihr weggenommen werden. Auch wenn Gino, ohne sie zu finden, ihr Gebiet wieder verlässt, bleibt sie in sich, in dieser Immobilität gefangen. Diese Bewegungslosigkeit im eigenen Raum ist ein Bild der Erstarrung und der eingetretenen Lähmung. Es ist ein Bild für die Ohnmachtsgefühle, für die nicht abgeschlossene körperliche Bedrohungsreaktion, wie sie so oft nach einem Trauma beobachtet werden kann.

Je feinfühliger und je genauer die verschiedenen Formen der Grenzüberschreitungen wahrgenommen und unterschieden werden können, desto besser sind wir in der Lage, schützende Maßnahmen zu ergreifen und unnötige, oft unbewusste Traumata zu vermeiden. Dies nicht nur im individuellen heilenden Sinn, sondern auch im sozial-pädagogischen sowie im politischen Bereich. Wahrscheinlich kann jede unerwünschte Grenzüberschreitung, also jeder unerwünschte Eintritt in den psychischen Innenraum eines Mitmenschen, zu einem Trauma führen.

Bei den häuslichen Dramen sind diese Traumata versteckt, und viele leiden in stiller Anonymität, oft ohne jegliche Unterstützung und Hilfe. Die Erkenntnis, dass bereits eine unerlaubte Grenzüberschreitung als bedrohlich empfunden werden und zu einem Trauma führen kann, gibt uns die Möglichkeit, früher Hilfe zu holen. Der Leidensweg kann so verkürzt, Wiederholungen können vermieden werden und Einsicht in das eigene grenzüberschreitende Verhalten kann zur Reduktion der Häufigkeit einer Traumatisierung beitragen.

Unser neues Beziehungsbewusstsein verfeinert unsere Wahrnehmung und kann, wie nach der Entdeckung des Mikroskops bei den Bakterien, bisher unsichtbare schädliche Eindringlinge sichtbar machen und identifizieren. Es ermöglicht uns, schneller als bisher gezielt präventive und heilende Maßnahmen zu ergreifen.

Kapitel 21
Helfen ohne mitzutragen

Wie kann ich Mitleid haben, wenn ich die Probleme der Mitmenschen beim anderen lasse? Führt das nicht zu einem Egoismus, der die Mitglieder unserer bereits individualistischen Gesellschaft nur noch mehr zum Einzelgängertum verleitet? Wer übernimmt Verantwortung für die Schwächeren, für diejenigen in unserer Gesellschaft, welche es nicht schaffen, sich selbst zu helfen oder aus welchen Gründen auch immer, nicht um Hilfe bitten können?

Wie wir in diesem Kapitel sehen werden, gibt es viele Möglichkeiten, wie wir unseren Mitmenschen helfen und vor allem, wie sie dabei ihre Würde behalten können.

Zur sozialen Kompetenz oder zur psychosozialen Gesundheit gehört, dass wir Menschen mit der Fähigkeit zur psychischen Grenzziehung ausgestattet sind. Dieses Unterscheidungsvermögen ermöglicht es uns, zwischen Ich und Du zu trennen. Diese Qualität ist notwendig, um zwischen deinem Leiden und meinem Leiden differenzieren zu können. Nur wenn wir mit dieser Gabe ausgestattet sind, können wir Mitleid haben, denn so wissen wir, wie wir dem anderen helfen können. Mitleid bedeutet, den anderen mit seinem Schicksal und seinem Leid wahrzunehmen. Empathie heißt, die Fähigkeit zu haben, sich vorzustellen, wie es meinem Gegenüber dabei geht. Dies ist nur möglich, wenn die Grenzen klar bleiben und nicht verschmelzen. Wie wichtig die Abgrenzung für unser gemeinschaftliches Wohlbefinden ist, zeigt das schöne deutsche Wort für Umzäunung, nämlich Umfriedung.

Es ist interessant, dass das Unterscheidungsvermögen zwischen Dein und Mein entwicklungsgeschichtlich eine späte Errungenschaft ist. Außer uns Menschen vermögen nur wenige Tiere ihre eigenen Gefühle von denen ihrer Partner zu trennen (Bischof-Köhler 1989). Neben den höheren Primaten, wie z. B. Schimpansen und Bonobos (Gallup 1970), sind wahrscheinlich auch Delphine (Reiss & Marino 2001), Elefanten und Elstern (De Waal 2019) dazu fähig, sich selbst im Spiegel zu erkennen. In der menschlichen Entwicklung findet der Schritt zur bewussten Unterscheidung des anderen vom Ich und die Erkennung des Ichs um die Mitte des zweiten Lebensjahres statt. Spätestens mit zwanzig Monaten erkennt das Kind unwiderruflich, dass es eine sichtbare Außenseite hat. Die Kinder beginnen Manipulationen am eigenen Körper vor dem Spiegel auszuführen, sie schmücken sich mit Schleiern oder Hüten und betrachten den Effekt. Zugleich wird damit auch der Charakter des Du erlebbar. Es besteht eine präzise zeitliche Koppelung: Kinder werden genau zu dem Zeitpunkt, in dem sie sich im Spiegel erkennen, auch fähig, Empathie für andere zu empfinden. Dies ist auch der Moment, in dem das Kind merkt, dass es jemand anderen mit seiner Hilfe entlasten kann. Gehen wir noch einmal zu unserer Koffermetapher: die Mutter mit dem großen schweren Koffer und neben ihr das kleine Mädchen mit dem kleinen Köfferchen. Bereits in jungem Alter spürt das Kind mit seiner noch neuen Empathiefähigkeit, dass die Mutter sich übernimmt. Schon jetzt wird es versuchen, der Mutter durch Mittragen zu helfen, und es wird merken, dass es der Mutter einen Teil der Last abnehmen kann. Diese Hilfe, die über Jahrzehnte fortdauern kann, führt meistens zur Überforderung. Die Zuwendung ist auf einer tiefen Ebene keine Hilfe, sondern hat oft weitere Verstrickungen zur Folge.

Auch in der Partnerschaft sehen wir dieses Phänomen, wo einer der Partner größer ist als der andere und einer für den anderen einen Teil oder sogar den ganzen Koffer mitträgt.

Wie wir gesehen haben, hat die Mutter Mühe, ihr eigenes Schicksal zu tragen, weil sie wahrscheinlich zusätzlich schon für jemand anderen mitträgt. Hilfe würde hier bedeuten, den bereits Mittragenden darauf aufmerksam zu machen, dass er das Ich-Fremde an dem Ort unterbringt, wo es hingehört. Dieses Vorhaben kann mit Unterstützung eines Psychotherapeuten erfüllt werden, kann aber auch allein vollbracht werden. Wenn ein Mann einen Teil des Kofferinhalts seiner Frau mitträgt und befürchtet, sie würde bei einer Rückgabe darunter zerbrechen, wie kann er ihr das, was ihr gehört, zurückgeben und ihr trotzdem helfen? Die bildliche Antwort lautet: Er könnte ihr Räder unter den Koffer montieren. In der Wirklichkeit könnte das folgendermaßen aussehen: Der Ehemann schlägt seiner Frau eine Psychotherapie vor, erkundigt sich über die verschiedenen Methoden und Therapeuten und gibt ihr die gefundenen Angaben. Die Frau schenkt ihrem überforderten, leidenden Partner ein Buch über das Thema, welches ihn ununterbrochen beschäftigt. Die Partnerin denkt mit ihm gemeinsam über eine Entscheidung nach. Der Freund gibt eine Empfehlung ab, wie der andere sich in Zukunft besser verhalten könnte. Der Ehemann hilft seiner Frau beim Formulieren eines wichtigen Briefes. Alle Protagonisten in diesen Beispielen bieten ihre Hilfe an, nachdem der andere sie um Hilfe gebeten oder eindeutige Signale gesendet hat, die die Hilfe als angemessen erscheinen lassen.

Bei der wahren Hilfe ist der, dem geholfen wird, für das Tragen seines Schicksals selbst zuständig, der Helfer wird nicht zusätzlich belastet. Trotzdem wird demjenigen, dem geholfen wird, das Tragen erleichtert. Wir können diesen Unterschied bemerken, indem wir darauf achten, ob das Helfen uns Freude bereitet. Helfen tun wir gerne, beim Mittragen spüren wir einen Widerstand, auch wenn unsere Moral, unsere Kulturwerte oder unser Verstand versuchen, dieses Gefühl zu unterdrücken. Mittragen kann über viele Jahre ununterbrochen fortdauern. Wir fühlen uns hilflos, weil wir glauben, mittragen zu müssen. Helfen können wir alle, helfen ist bescheiden, helfen dauert kurz.

Ein Beispiel, um den Unterschied zwischen Helfen und Mittragen zu illustrieren.

»*Gilbert ist 42 Jahre alt und wurde beim Überqueren einer Straße von einem Auto angefahren. Er hatte Glück, er erlitt bei diesem Unfall »nur« einen doppelten Beinbruch im linken Unterschenkelbereich. Er wurde im nahegelegenen Krankenhaus operiert und würde voraussichtlich zur Nachbehandlung sieben Tage bleiben müssen. Seine Frau kam jeden Tag in die Klinik, brachte ihm die Zeitung, die Post und frische Kleider. Sie machte dies gerne für ihn, und er freute sich über ihre Besuche. Nach vier Tagen kam es jedoch zu einer Komplikation, wobei Muskeln, Nerven und Blutgefäße durch eine zunehmende Schwellung eingeklemmt zu werden drohten. Gilbert musste, um einer drohenden Amputation zu entgehen, notfallmäßig ein zweites Mal operiert werden. Es schien, als ob die Komplikation im psychischen Bereich einiges bei ihm ausgelöst hatte. Nachdem seine Frau weiterhin vormittags in die Klinik kam, rief er sie mittags schon wieder an und bat sie, noch am gleichen Tag ein spezielles Buch, eine neue Zahnbürste sowie einen frischen Schlafanzug zu bringen. Sie spürte Widerstand in sich und dass es für sie nicht stimmte, wenn sie zwei bis drei Mal pro Tag ins Krankenhaus ginge. Sie merkte, dass Gilbert versuchte, ihr etwas zum Mittragen zu geben. Die liebevollen täglichen Besuche waren Hilfe, die zusätzlichen Aufgaben und Wünsche von Gilbert gingen in die Richtung des Mittragens.*

In unserem Beziehungsmodell kann die Hilfe konkret formuliert werden. Die größte Hilfe leisten wir, indem wir unsere Mitmenschen nicht belasten und ihnen nichts wegnehmen, indem wir darauf achten, nur einen positiven Austausch zu ermöglichen. Zusätzlich können wir versuchen, das Leid unserer Mitmenschen zu reduzieren, indem wir ihnen entweder als wirkliche Helfer oder als Begleiter zur Seite stehen.

»*Annette ist seit 40 Jahren mit dem sechs Jahre älteren Alexander verheiratet. Als Alexander erste Anzeichen einer Alzheimer-Krankheit aufweist und diese später bestätigt wird, ändert sich ihr Leben radikal. Zunehmend übernimmt sie Tätigkeiten, welche Alexander nicht mehr selbst meistern kann. Von administrativen Arbeiten bis, in einem fortgeschrittenen Stadium, zur Körperpflege braucht er ihre Unterstützung.*

In der räumlichen Gartenanalogie könnte die Alzheimer-Krankheit folgenderweise dargestellt werden: Der Erkrankte verliert die Fähigkeit und Flexibilität, sich mit seiner Aufmerksamkeit in die psychische Außenwelt zu begeben. Somit hat er keinen Zugang mehr zu seinen kognitiven Fähigkeiten wie Planen, Analysieren, Reflektieren und Zuordnen (Blaser 2020). Indem Annette seine kognitiven Aufgaben übernimmt, bleibt Alexander für seine Gefühle, Erfahrungen und innere Bilder selbst zuständig. Sie kann ihn in seiner Innenwelt besuchen, ohne dort Verantwortung zu übernehmen. Aus diesem Grund ist es auch stimmig, professionelle Unterstützung für den Alltag zu organisieren und in einem späteren Stadium einen Pflegeheimplatz für ihn zu finden. Vielleicht bereiten Alzheimer-Erkrankte sich auf die letzte Reise vor, indem sie ihre psychische Innenwelt noch aufräumen. Wenn Annette versuchen würde, ihm dabei zu helfen, würde sie für ihn mittragen. Fällt ihr der Verzicht auf das Mittragen schwer, könnte dies ein Hinweis für ein vorbestehendes Muster sein. Was für Annette gilt, gilt hier auch für seine Kinder.

Wenn in unserem psychischen Innenraum etwas zerstört wurde, können wir jemanden bitten, uns beim Wiederaufbau zu helfen. Beim Aufräumen ist der Helfer nur ein Handlanger, bei den Wiederaufbauarbeiten folgt er den Anweisungen und Wünschen des Hilfesuchenden. Viele Helfer glauben besser zu wissen, was gut für den anderen ist. Sie bringen ihr Wissen nicht dienend ein, sondern belehrend. Dies ist keine wirkliche Hilfe, da der Hilfesuchende nicht ernst genommen wird. Zusätzlich besteht die Gefahr, dass der Helfer seine Ansichten und Bilder beim Auftraggeber ungefragt hinterlässt. Viele Helfer halten sich hauptsächlich in fremden Territorien auf, weil sie es im eigenen Raum kaum aushalten können. Der fremde psychische Innenraum, wo sie ihre Hilfe anbieten, wird zum Fluchtort, und der Hilfesuchende wird indirekt zum Helfer. Eine andere Form der Hilfe, bei der der Hilfesuchende selbst zum Helfer wird, ergibt sich, wenn das Schicksal des Hilfesuchenden für den Helfer schwer erscheint und er es ändern möchte. Dies jedoch nicht, weil es dem Hilfesuchenden guttun würde, sondern weil der Helfer selbst große Mühe hat, das Schicksal des Hilfesuchenden ansehen zu müssen. Wenn der Hilfesuchende sich trotzdem von ihm helfen lässt, dann nicht so sehr, weil er es braucht, sondern weil er dem Helfer selbst helfen will. Dann wird dieses Helfen zum Nehmen und das Hilfeannehmen zum Geben (Hellinger 2003b).

Helfen können wir auch, indem wir dem anderen etwas schenken. Wir können z. B. ein schönes inneres Bild oder ein wohltuendes Gefühl schenken, dass dem anderen Freude bereitet, ihm Kraft gibt und zu seinem Wachstum und seiner Weiterentwicklung beiträgt.

Wenn wir wissen, wie unsere psychische Innenwelt idealerweise aussehen könnte, ist es auch einfacher, unseren Mitmenschen zu helfen. Im ideal aufgeräumten Garten, wo die Folgen des Erdbebens nicht mehr sichtbar sind, fremdes Eigentum zurückgegeben wurde und die Abgrenzung eine solide und freundlich aussehende Konstruktion hat, scheinen paradiesische Verhältnisse zu herrschen. Zur behaglichen Ordnung gehört auch, dass das Eigene im Innenraum den richtigen Platz erhält. Es ist das Finden des passenden Ortes für das Eigene, wodurch eine wohltuende Ordnung hergestellt wird. Häufig haben eigene Erfahrungen einen zu dominierenden Platz, stehen uns eigene Ansichten im Weg, nehmen eigene Bilder uns die Sicht auf schöne Teile und hindert uns die eigene Verantwortung beim Vorwärtsgehen.

Es gibt wahrscheinlich eine wohltuende Ordnung für unsere Gefühle, Bilder, Aufgaben, Verantwortung, Ansichten und Erfahrungen, und vermutlich wissen wir unbewusst Bescheid, wo was hingehört. Es ist ziemlich sicher, dass wir auf irgendeiner Ebene Kenntnis davon haben, was sich wo und seit wann in unserem Raum befindet.

Der Schauspiellehrer Lee Strasberg spricht von »Sinnes- Erfahrungs- und affektivem Gedächtnis« (Strasberg 1988). Dank diesem Gedächtnis kann der Schauspieler die für die Szene gewünschten Gefühle finden und als »erinnerte Gefühle« darstellen. Dies weist daraufhin, dass wir Gefühle, Erfahrungen, Bilder, Ansichten und Aufgaben registrieren und speichern können und bei Bedarf, wie auf einem persönlichen Plan, wiederfinden oder hervorrufen können.

»*Roberta ist eine 28-jährige Frau, die als kleines Mädchen mehrmals von ihrem Onkel sexuell missbraucht wurde. Wie wir gesehen haben, führt ein solches Delikt zu Traumatisierungen auf mehreren Ebenen. In unserem Modell ist es unmöglich, ihr diese schmerzhaften Erfahrungen, die dazugehörenden schrecklichen Bilder, die verwirrenden Gefühle weg-*

zunehmen. Es gibt in unserem Reich keine »Delete-Taste«, wo eigene Anteile im Papierkorb verschwinden können und sich anschließend im virtuellen Nichts auflösen. Einige therapeutische Ansätze in Bezug auf ein schlimmes Trauma haben wir schon angesprochen, ein Aspekt blieb jedoch noch unerwähnt. Was macht Roberta mit den zu ihr gehörenden Erfahrungen, Bildern und Gefühlen? Was macht sie mit der Ansicht, »Männer sind gefährlich, Männern kann man nicht vertrauen«, damit sie trotzdem eine partnerschaftliche Beziehung eingehen kann und sich öffnen kann für Zärtlichkeiten? Oft ist es so, dass das traumatische Ereignis einen vorherrschenden Platz einnimmt, der unsere Bewegungsfreiheit im eigenen Innenraum einschränkt. Roberta kann sich z. B. ein Gartenhäuschen vorstellen, in dem sie ihre Gefühle, Bilder, Erfahrungen und Ansichten, die mit dem wiederholten Missbrauch zusammenhängen, ablegt. Auf diese Weise bekommt Roberta wieder Kontrolle über ihre Gefühle.

Es gibt viele Möglichkeiten, wie man eigenem Alten einen guten Platz geben kann. Man kann mit Gegenständen Ereignisse symbolisieren und diese auf eine Zeitachse legen oder sitzend auf dem Boden diese um sich herum ordnen. Auch können wir für ein schmerzhaftes Ereignis oder eine leidvolle Erfahrung einen symbolischen Gegenstand auswählen und diesen z. B. auf dem Dachboden, in einer dafür gekauften Schachtel, einen Platz geben.

Jeder fühlt sich sofort wohler, leichter, freier, beweglicher, wenn er dem eigenen schweren Schicksal eine Ruhestätte gegeben hat. Oft zeigt sich auch, dass wir erst nach der neuen Zuordnung uns wieder für andere öffnen können. Das Erlittene erfüllte uns mit Scham, und wir haben Angst, jemand könnte unseren Schmerz in unserer Innenwelt entdecken.

Haben wir ein körperliches Trauma erlitten und sind z. B. durch einen fallenden Baum verletzt worden, kann nur ein Arzt versuchen, uns zu heilen. Auch hier können wir helfen, z. B. die Einkäufe besorgen für jemanden, der ans Bett gefesselt ist, wir können jedoch nicht seine Trauer oder Hilflosigkeitsgefühle mittragen.

Können wir, wenn die Abgrenzung beschädigt wurde, dem Betroffenen helfen? Theoretisch ja, auch hier können wir als dienende Handlanger behilflich sein. Erfahrungen zeigen jedoch, dass professionelle Hilfe wirksamer ist, wenn das Trauma viele Jahre zurückliegt oder wenn die Abgrenzungsproblematik die Folge eines erlebten Gewaltaktes ist. Hier benötigt es therapeutisches Fingerspitzengefühl und viel Berufserfahrung.

Wie wir im vorhergehenden Kapitel gesehen haben, gibt es die sogenannte Erstarrung. Bei der Traumaform, bei der wir durch das Trauma erstarren, benötigen wir einen in der Traumaarbeit erfahrenen Therapeuten.

Kapitel 22
Das Land zwischen dir und mir

Wir wünschen uns einen schönen freundlichen Innenraum, in dem wir uns mit unseren Gefühlen, Erfahrungen, Bildern und unserer Verantwortung wohl und geborgen fühlen. Wie kommt es, dass wir diesen herrlichen und sicheren Ort manchmal für längere Zeit verlassen? Vereinfacht dargestellt können wir zwei Formen unterscheiden, die dazu führen, dass wir uns von unserem Reich der Achtsamkeit entfernen. Traumatische Ereignisse führen oft dazu, dass wir unfreiwillig unseren Innenraum für viele Jahre verlassen müssen. Die zweite Möglichkeit ist die Verführung, also ein freiwilliges Verlassen unseres Innenraums.

Hier folgen zwei Fallgeschichten von Zustandsbildern, wie wir sie antreffen, wenn wir uns außerhalb unseres psychischen Innenraums im Zwischenland aufhalten.

»*Frieda ist mit ihren Gedanken nur noch bei der bevorstehenden Geburtstagsparty ihrer Tochter. Sie telefoniert, schreibt E-Mails, verschickt Einladungskarten, rennt von einem Laden zum anderen, backt Kuchen und näht ihrer Tochter ein festliches Kleid. Ihr eigener Gemütszustand ist ihr nicht bewusst, sie handelt nur noch mit dem Kopf.*

»*Hans geht es ähnlich, nur dauert sein Zustand schon mehrere Jahre. Seit er die neue Stelle als Projektleiter hat, läuft er der Zeit hinterher. Sein Leben besteht nur noch aus Schreiben von Konzepten, Einreichen von Plänen, Formulieren von Zielsetzungen, Führen von Kampagnen, Koordinieren, Menschen zusammenbringen. Sein Gehirn ist eine Drehscheibe, sein Körper nur noch ein Transportmittel.*

Beide sind nicht bei sich, halten sich im »Zwischenland«, im Land zwischen dir und mir auf und haben von dort aus keinen Zugang mehr zu ihren eigenen Gefühlen und Bildern.

Interessant ist, dass wir zu jedem Zeitpunkt selber feststellen können, ob wir in unserem psychischen Innenraum sind oder außerhalb. Auch können wir dies ebenso bei unseren Mitmenschen beobachten. Die deutsche Sprache gibt auch Hinweise hierfür: Er ist außer sich, er steht neben sich, er steht neben den Schuhen, oder: Er ist bei sich, er ist in seiner Mitte, er ist zentriert, er ruht in sich usw.

Die Kraft der Verführung kann uns dazu verleiten, unseren psychischen Innenraum zu verlassen. Sie lockt uns mit schönen Bildern, mit angenehmen Gefühlen, mit idealistischen Ansichten, mit unvergesslichen Erfahrungen, mit machtgebender Verantwortung oder mit faszinierenden Aufgaben aus unserem Reich. Wir spüren die bevorstehende Verzauberung, sind kindlich neugierig auf das, was kommen wird und merken manchmal zu spät, dass es ein Spiel mit dem Feuer ist. Viele von uns lieben dieses Spiel. Die Verführerin kann auch ein Verführer sein, kann ein Mitmensch sein. Vielleicht ist es bei ihm schöner als in unserem eigenen Reich; vielleicht scheint es so, als gebe es dort keine unangenehmen Gefühle, keine schmerzhaften Bilder, mühsame Aufgaben, einschränkende Einsichten und nur ein Minimum an Verantwortung? Die Verführerin kann viele Gestalten annehmen, und oft bemerken wir sie zu spät und laufen Jahre im Niemandsland herum. Macht und Status kann uns verführen, Geld und Luxus, aber auch die Kunst, die Musik und Malerei können uns aus dem eigenen inneren Bezirk locken. Manchmal genießen wir den Spagat der Kräfte, die an uns zerren, zwischen dem Innenraum, der seinen Besitzer bei sich behalten möchte und dem Verführer, der an unserem Ärmel zupft. Es kann auch sein, dass ein Toter ruft, ein abgetriebenes Kind oder ein viel zu früh verstorbener Vater. Sie rufen uns aus dem Totenreich, und wir laufen ihnen durch die immer dunkler und enger werdenden Gassen hinterher.

Wenn wir nach Jahren unruhigen Umherlaufens nach Hause zurückkehren, erwartet uns kein liebevoll gepflegter Garten und auch kein ausgeglichenes Urwaldbiotop, sondern eine Mischung aus psychischer Verwahrlosung und menschlicher Machtlosigkeit. Kein einfacher

Moment, dieser Anblick, auch wenn wir einen Koffer voll von exotischen Souvenirs von unserer Erfahrungsreise mitgebracht haben. Ein langer ununterbrochener Aufenthalt im Zwischenland ist ungesund. Wir sollten zumindest regelmäßig nach Hause zurückkehren und versuchen, unsere Seele zu ernähren und innerlich zur Ruhe zu kommen. Die Kunst ist, ein Gleichgewicht zu finden zwischen unseren gesellschaftlichen Aufgaben, den freudvollen Besuchen bei unseren geliebten Mitmenschen und dem sorgfältigen Umgang mit unserer Innenwelt.

Die meisten Menschen, die sich für eine Therapie entschieden haben, bewegen sich seit längerer Zeit im Niemandsland. Obwohl das Zwischenreich gekennzeichnet wird durch Hektik, Rast und Unruhe, beschreiben viele ihre seelische Verfassung als einen Zustand des Stillstandes. Sie sind blockiert, kommen nicht weiter, drehen sich im Kreis oder wiederholen schmerzhafte Muster.

Die Erkenntnis, dass Sie sich im Niemandsland aufhalten, führt zu einer Erleichterung, weil der ins Stocken geratene Lebensfluss einen Namen erhält. Ein erster Schritt in die Richtung des eigenen Raumes wird möglich. Eine Heilung beginnt mit der Führung zum Innenraum. Als liebevolle Gefährtin können wir unseren Partner auf diesem Heimweg begleiten. Wir, auch ein Therapeut oder eine Therapeutin, können ihm bei seiner Desorientiertheit helfen, können ihn bei der Suche der verlorengeglaubten eigenen Innenwelt unterstützen und können ihm Kraft und Mut geben, vorerst aus einer gewissen Distanz auf seinen psychischen Innenraum blicken zu können. Angekommen dosiert er die ersten Schritte im eigenen Raum, versucht zwischen Eigenem und Fremden zu unterscheiden und beginnt mit oder ohne Hilfe mit der Aufräumarbeit, der Neugestaltung und der Abgrenzungsstärkung.

Kapitel 23
Wie Achtsamkeit zur Liebe führt

Der weltbekannte geistliche Begleiter Anthony de Mello schreibt in seinem Buch »Was weiß der Frosch vom Ozean«:

> Liebe entspringt aus Gewahrwerden. Nur wenn wir einen Menschen so sehen, wie er wirklich ist, hier und jetzt und nicht so wie in unserer Erinnerung oder in unserem Wunschdenken, in unserer Vorstellung und Erwartung, können wir ihn wirklich lieben. Ansonsten lieben wir nicht diesen Menschen, sondern die Vorstellung, die wir von ihm haben. Darum besteht der erste Akt der Liebe darin, diesen bestimmten Menschen so zu sehen, wie er jetzt in Wahrheit ist. (de Mello 2002)

Den anderen zu sehen heißt, sich im Innern auf die Hin-Bewegung vorzubereiten, hinzuschauen, die Grenze des anderen Menschen zu sehen und die Gefühle, Bilder und Ansichten in seinem Innenraum zu achten. Achtsames Hinschauen heißt nicht nur, den anderen in seiner Ganzheit zu erkennen, sondern auch das Eigene in die Begegnung einzubeziehen. De Mello nennt dies den zweiten Bestandteil der Liebe:

> Sich selbst zu sehen. Der Lichtstrahl des Erkennens unnachgiebig auf unsere Beweggründe, unsere Gefühle und Ihre Bedürfnisse zu richten. Es bedeutet das Eigene beim Namen zu nennen, ungeachtet aller schmerzlichen Entdeckungen und Konsequenzen. Wenn wir sowohl ein Bewusstsein von uns und der anderen Person erlangt haben, werden wir wissen, was Liebe ist.

Das bedeutet, wir müssen lernen, Selbstbewusstsein wissentlich von Fremdbewusstsein zu trennen. Schauen wir uns diese Unterschiede nochmals genau an. Wittgenstein, der bekannte österreichische Sprachphilosoph schrieb: »Ich kann nur glauben, dass der andere Schmerzen hat, aber ich weiß, wenn ich sie habe.« Ja, man kann sich dazu entschließen zu sagen: »Ich glaube, er hat Schmerzen«, statt: »Er hat Schmerzen«. Oder wie er anschließend schreibt: »Versuche einmal – in einem wirklichen Fall – die Angst, die Schmerzen des andern zu bezweifeln« (Wittgenstein 2003). Die Subjektivitätsfrage hat Nagel so formuliert: »Versuchen Sie (Mensch), sich vorzustellen, eine Fledermaus zu sein« (Nagel 1986). Bei dieser Frage will Nagel nicht wissen, wie es für ihn ist, eine Fledermaus zu sein, sondern er will objektiv wissen, wie es subjektiv ist, eine Fledermaus zu sein. Vor ca. 2300 Jahren hat sich der Dichter und Philosoph Zhuangzi mit der gleichen Frage auseinandergesetzt:

> Zhuangzi und Huizi gingen auf einer Brücke über den Hao-Fluss spazieren. Zhuangzi sagte: »Schau, wie die Elritzen aus dem Wasser springen und munter umherschwimmen. Das ist die Freude der Elritzen.« Huizi sagte: »Du bist kein Fisch, woher willst du die Freude der Fische kennen?« Zhuangzi antwortete: »Du bist nicht ich, woher willst du wissen, dass ich nicht die Freude der Fische kenne«. Huizi erwiderte: »Ich bin nicht du, deswegen weiß ich sicher nicht, was du weißt. Du bist aber sicher kein Fisch, d. h. doch, dass du nicht wissen kannst, was die Freude der Elritzen ist.« Zhuangzi sagte: »Lass uns zum Ausgangspunkt zurückkehren. Du fragtest mich, woher ich die Freude der Fische kenne und als du das sagtest, da wusstest du bereits, dass ich sie kenne und fragtest mich dennoch. Ich weiß es von der Brücke über den Hao-Fluss her.« (Jäger 2003)

Wir Menschen haben diese Fähigkeit zur »Geistsicht«, die Begabung, das innere Erleben einer anderen Person wahrzunehmen und diese vorgestellte Erfahrung zu verstehen, sodass wir durch unser mitfühlendes Handeln unser Verständnis und unsere Anteilnahme zeigen können (Siegel & Hartzell 2004). Die Fähigkeit zur Geistsicht versetzt bereits das Kind in die Lage, die Gefühle einer anderen Person zu

»sehen«. Sie erzeugt ein Empfinden für die soziale Umwelt, mit der die Sozialisation möglich wird.

»Geistwahrnehmung« ist nur möglich, wenn ein Austausch stattgefunden hat. A kann nur vermuten, dass B Schmerzen hat, wenn irgendein Austausch von B nach A in Bezug auf Schmerzen erfolgt ist. Wenn es B gelingt, ein eigenes Gefühl (»Gefühl von B«) in den Raum von A weiterzuleiten (»Gefühl von B in Raum von A«), kann die theoretische Frage gestellt werden, ob das neue Gefühl in As Raum das gleiche ist, wie das ursprüngliche Gefühl im Raum von B. Ob es das gleiche ist, eine Abbildung, eine Kopie, eine Neuronenspiegelung oder eine Resonanz, ist vorläufig noch eine philosophische Frage, die hier nicht beantwortet werden kann. Sicher erscheint jedoch, dass die Rückgabe eine heilende Wirkung hat und in einem größeren Rahmen eine wohltuende Ordnung herstellen kann.

Die Wahrnehmung des Du wird durch die gleichzeitige Selbstwahrnehmung mitbestimmt. Je mehr wir uns über unsere Selbstempfindung bewusstwerden, desto klarer wird uns, wie diese die Wahrnehmung des anderen beeinflusst. Um dies besser verstehen zu können, wenden wir uns ein weiteres Mal unseren Sinneseindrücken in unserem eigenen Raum zu, welche zeitgleich auf vier Ebenen ablaufen. Dazu ein Beispiel.

»*Marijke steht am Fenster und schaut dem Nachbarn zu, wie er in seinem Trainingsanzug den Rasen mäht. Sie verbindet dieses Bild mit Kalifornien. Das Einzige, was in ihrem Vergleich noch fehlt, ist ein Geländewagen mit Vierradantrieb vor der Garage und ein stahlblauer Himmel. Sie hört die Stimme ihres Ehemannes Piet, der sich soeben in das Wohnzimmer begibt. Sie wendet ihren Blick vom eifrigen Nachbarn ab und wendet sich dem Ehemann zu. Piet geht durch das Zimmer auf das Bücherregal zu. Seine Haltung ist nicht so kräftig wie sonst, sein Gang ist unsicher, seine Augen schauen sie bedrückt an. Sie sieht, er macht sich Sorgen um seine alte Mutter. Heute Morgen musste sie notfallmäßig operiert werden. Marijke nimmt seine Machtlosigkeit und seine Ängste wahr. Dann erblickt sie in ihrer Vorstellung, in ihrem eigenen Innen-*

raum, ihre Mutter im Krankenhaus liegend. Ihre Haut ist bleich, sie ist erschöpft und hat kaum Kraft, die Augen zu öffnen. Vor drei Jahren ist sie nach einer kurzen Erkrankung gestorben. Marijke spürt ihren eigenen Schmerz wieder, sie fühlt erneut ihre Ängste, als ihre Mutter ins Krankenhaus eingeliefert werden musste, und sie erlebt aufs Neue eine Enge im Hals, einen stechenden Schmerz in der Brust und eine Unruhe in der Bauchgegend. Sie erfährt noch einmal die darauffolgende Leere, zuerst einen Schwindel und anschließend ein Gefühl wie eine Glasglocke, die sich über ihren Körper stülpt und die sich erst nach mehreren Wochen wieder auflöste.

Marijke kann Piets jetzigen Ängste von den eigenen, damaligen trennen. Sie erkennt, was jetzt in ihrem Ehemann vor sich geht. Sie lässt Piet bei seinen Gefühlen und Bildern, sie will ihn jetzt nicht ablenken, aufmuntern oder trösten. Sie lächelt ihm liebevoll zu und er spürt, was dies bedeutet. Sie ist für ihn da, wenn er etwas mit ihr teilen möchte, und er weiß auch, dass er jederzeit bei ihr anklopfen darf.

Sehen wir uns dieses Beispiel nochmals an. Marijke ist bei sich und betrachtet von ihrem Raum aus den Nachbarn. Gleichzeitig sieht sie in ihrem Raum ein Bild des kalifornischen Mannes. Sie wird sich ihrer Ansichten über den weißen, im Südwesten Amerikas lebenden Mann bewusst. Als sie die Stimme ihres Ehemannes hört, entscheidet sie sich, sich ihm zuzuwenden. Sie nimmt ihn jetzt in seiner Ganzheit wahr, seine Körperhaltung, seine Bewegungen und seinen Gesichtsausdruck. Mit Respekt erkennt sie in seinem privaten Raum seine Bedrücktheit, seine Machtlosigkeit und seine Ängste. Gleichzeitig nimmt sie aber auch die eigenen Bilder, Gefühle und Erfahrungen im eigenen Raum wahr. Zudem ist sie sich auch ihres Körpers bewusst und empfindet die leibliche Veränderung beim Erfassen ihrer aufbewahrten Erfahrungen. Sie kann ihre eigenen und die Gefühle von Piet klar trennen und lässt achtungsvoll seine Gefühle bei ihm. Sie schwingt mit ihren Erfahrungen und Gefühlen mit denen ihres Mannes mit. Diesen Vorgang können wir auch Mitgefühl oder englisch compassion nennen

(Blaser 2012; Blaser 2020). Mit einem Lächeln und einem liebevollen Blick schenkt sie ihm Kraft und gibt ihm gleichzeitig zu verstehen, dass sie jederzeit für ihn da ist.

Wir alle können unsere Gefühle, Bilder und Ansichten wahrnehmen, gleichzeitig unsere Abgrenzung und das Geschehen außerhalb des eigenen Innenraums erfassen, die Interaktionen zwischen Innen- und Außenwelt feststellen und im gleichen Augenblick als verbindendes Glied des Ganzen unseren eigenen Körper bewusst empfinden.

Bewusstsein über diese zeitgleich verlaufenden Wahrnehmungen kommt der Achtsamkeit nahe. Achtsames Wahrnehmen sagt uns, wo wir stehen, welche Gefühle, Ansichten oder Aufgaben wir sehen, ob diese uns gehören. Und es ermöglicht uns die Frage zu stellen, ob es z. B. für eine störende Erfahrung nicht einen besseren Platz gäbe. Achtsamkeit in der Beziehung zum anderen macht uns unsere und seine Grenzen bewusst und zeigt uns, ob ein Austausch zwischen dem Ich und dem Du stattfindet, und wenn ja, was wir zum positiven Weitergeben beitragen können. Achtsamkeit macht uns unsere Räumlichkeit bewusst. Es wird uns klar, ob wir in einem anderen Raum zu Besuch sind, uns im Zwischenreich aufhalten oder im eigenen Raum verweilen. Achtsamkeit ermöglicht Mitgefühl und eine liebevolle Verbindung zwischen zwei Menschen.

Durch das achtsame Innehalten erlangen wir ein neues Zeitempfinden. Die Geschwindigkeit des Durchquerens unseres Raums wird plötzlich wichtig, die Schnelligkeit des Blickrichtungswechsels zeigt ihre Bedeutung, die Dauer des Verweilens am selben Ort ermöglicht eine Pause und das Bewusstwerden über unser eigenes Wachsen und Gedeihen bringt uns in Kontakt mit übergeordneten Kräften. In diesem Bewusstsein ist das wesentliche Charakteristikum die Präsenz, das Sein in der Gegenwart, die bewusste Anwesenheit. Wenn wir uns unserem Gewahrsein zuwenden, spüren wir den inneren und äußeren Raum. Achtsamkeit führt dazu, dass wir zum Zeugen allen Geschehens werden. Introspektion ist der Blick in unsere eigene Domäne von innen heraus, Reflexion ist die Fähigkeit, das Geschehene in Raum und Zeit von außen kognitiv einordnen zu können. Die Metaebene erreichen wir, indem wir unseren Raum verlassen und ihn von außen betrachten (Blaser 2012). Bei allen diesen Tätigkeiten spielt unsere Körperwahrnehmung eine wesentliche Rolle. Indem wir unseren Körpersignalen (ich spüre mich), unseren Wahrnehmungen (ich sehe dich) und unseren Überlegungen einen ebenbürtigen Platz geben, bezieht unser Beziehungsalltag daraus großen Reichtum.

Kapitel 24
Zwischen Himmel und Erde

Ich bin mir der Räume, der Grenzen und des Austauschs bewusst. Ich bewege mich, ich spüre meinen Körper, ich nehme meinen Aufenthaltsort wahr und fühle mich mit meiner Freiheit beim Betreten und Verlassen meiner Innenwelt wohl. Ich bewege mich auf der horizontalen Ebene.

In diesem Kapitel lenken wir unsere Aufmerksamkeit auf die vertikale Dimension. Die Raummetapher eignet sich gut dazu, auch die Aspekte der vertikalen Ausdehnung zu beschreiben und ihre Bedeutung im Kontext des Raum-Gartenbildes zu veranschaulichen.

Unser Garten kann blühen und grün sein, unser psychischer Raum kann uns selbst Wachstum und Ernährung schenken, dies dank Himmel und Erde. Der Himmel schenkt uns das lebensstiftende Sonnenlicht, den Regen, die Luft zum Atmen. Die fruchtbare Erde ist die empfangende Kraft, beheimatet die Wurzeln zur Vergangenheit und gibt uns Zugang zur Wachstumsquelle. Die vertikale Ausdehnung macht uns bewusst, dass wir ein Teil von etwas Größerem sind. Unsere Seele ist mit anderen Seelen auch über diese Drittdimension verbunden, indem wir die Jahreszeiten, das Altwerden, die Vergänglichkeit, das Geborenwerden und vieles mehr teilen, was unsere Seele zum Wachsen bringt. Ich bin mit meinem Mitmenschen über diese gemeinsamen, höheren Kräfte vereinigt. Die Schmetterlinge, die vom Garten meines Partners unbekümmert in meinen fliegen, die Bienen, die unsere Blumen gegenseitig befruchten oder das Frühlingslied der Amsel, das meinen Partner und mich gleichzeitig beglückt, verbinden uns. Auch die Erde bringt uns auf eine eher selten sichtbare Weise zusammen. Wir teilen die Wurzeln der Eiche, das Grundwasser verbindet uns, ohne dass wir uns dessen bewusst sind. Ganz unabhängig davon, wie Sie diese Naturverbundenheit benennen, die vertikale Ausdehnung ist als wichtiger Teil unseres Lebens nicht wegzudenken (Blaser 2023). Im

Buch I Ging, dem etwa 3000 Jahre alten chinesischen Buch der Wandlungen, ist es der edle Mensch, der nach Harmonie mit den Gesetzen des Himmels und der Erde strebt (Claussen 1998; Wilhelm 2004). In diesem Buch wird der Himmel mit dem Schöpferischen verbunden und die Erde mit dem Empfangenden. Das Buch Genesis beginnt mit dem Satz: »Im Anfang schuf Gott Himmel und Erde«. Der biblische Schöpfungsvorgang ist vor allem ein Akt des Unterscheidens, Himmel und Erde wurden erschaffen. Dies deutet darauf hin, dass wir Menschen nicht nur im horizontalen Bereich mit Abgrenzungen konfrontiert sind, sondern zudem im vertikalen Bereich in einem Trennungsraum leben. Wenn wir in unserer Innenwelt verweilen und unseren Blick nach oben richten und uns der Raum zwischen uns und dem Sternenhimmel bewusstwird, treten wir in Kontakt mit etwas Größerem, etwas Übergeordnetem. Blicken wir auf den Boden, so erkennen wir die Erde als Teil unseres Lebens, mit der wir seit unserer Geburt verbunden und verwurzelt sind. Wir können verfolgen, wie aus gesätem Samen ein erstes Sprießen aufkommt und wie das Grün in den Himmel emporwächst. Wir können sehen, wie die Erde lebt, wie die Natur gedeiht und wie wir voller Lebenskraft sind. Diese Lebenskraft ist größer als wir, sie ist eine Kraft, an der wir Anteil nehmen dürfen. Auch wir wuchsen als kleiner krabbelnder Säugling bis zum aufrechtstehenden Jungen oder Mädchen heran und dürfen als Erwachsene weiter in die vertikale Achse transzendieren. Im Kontakt mit Himmel und Erde wird uns unser Platz im Kosmos bewusst, es wird uns klar, dass wir trotz unserer Abgetrenntheit und unbewusstem zwischenmenschlichem Austausch in dieser Welt bestehen dürfen und in dieser Welt ein zugehöriges, eingebundenes Wesen sind.

Die Welt erklingt als »Sinfonie«. Jeder Ort, jeder Augenblick, jedes Wesen ist eine ganz bestimmte Note, die jede für sich unverzichtbar für das Ganze ist, auch wenn sie im nächsten Augenblick durch eine andere Note abgelöst wird. Alle Noten machen das Ganze aus, alle Noten sind das Ganze und das, was die Ganzheit des Ganzen ausmacht, ist das Größere, das als dieses Ganze erklingt (Jäger 2000). Auf der vertikalen Ebene öffnen wir unsere Sinne für die Weltraummusik. Wir können dies Spiritualität nennen, Wunder oder Ehrfurcht, mystische Erfahrung, Selbstüberschreitung, Transzendierung oder auch kosmische Bewusstheit. Im Einklang mit Himmel und Erde ist es vielleicht möglich, den Tod nicht mehr zu fürchten, durch das Absurde hindurch einen höheren Sinn zu spüren und eine andere Form der Geborgenheit wahrzunehmen (Dürckheim 1973). Umgeben von unseren Gefühlen, Erfahrungen, Bildern und Aufgaben können wir unsere Mitte finden, sowohl im horizontalen wie auch im vertikalen Sinn. Durch Einbeziehen der vertikalen Ebene können wir in Kontakt treten mit einer Lebenskraft, die es uns ermöglicht, unseren Weg zu finden, unser eigener Gärtner sein zu dürfen und uns in den Dienst des gesellschaftlichen Lebens zu stellen. Wir fühlen uns in eigentümlicher Weise »rund«, in uns geschlossen und doch zugleich in einer Weise geöffnet, in der sich eine große Fülle auftut. Das Teilhaben an dieser Fülle ermöglicht uns, an dem Verwandlung gebietenden Leben teilzunehmen, macht uns entwicklungsfähig und gestaltungskräftig (Dürckheim 1973). Unsere Verwandlung ist sowohl auf der horizontalen wie auf der vertikalen Ebene möglich. Im horizontalen Bereich sind wir im ständigen Austausch mit unseren Mitmenschen. Indem wir in die Außenwelt blicken, nehmen wir Bilder und Ansichten auf, indem wir Gäste einladen, können wir Aufgaben, Verantwortung und Geschenke annehmen. Wenn wir unsere Innenwelt verlassen, können wir im Zwischenland wirken und neue Erfahrungen machen, bringen neue Gefühle und Bilder mit nach Hause. Wie wir gesehen haben, können wir aktiv diese mentalen Bewegungen gestalten, wir können filtern, schenken, dosieren, schützen, zulassen, abwehren, klären, zuteilen, annehmen, zurückgeben, umpflanzen, öffnen, gehen, umdrehen, verweilen usw. Wir sind der Welt, den Menschen, der Natur gegenüber sowohl abgegrenzt als auch mit ihr verbunden. In der vertikalen Ausdehnung findet eine Umwandlung statt. Wir dürfen Wachstumszeuge unserer Gefühlswelt, Betrachter eigener Reife, Zuschauer eigener Entfaltung und Augenzeuge des Reichtums sein, welches sich dem Leben zeigen will.

Schon Augustinus (354 bis 430 n. Chr.) sagte: »Wer im Einklang sein will mit beiden Dimensionen, schaut zuerst nach außen, von dort nach innen, von da nach oben und dann in umgekehrter Richtung, von oben nach innen und dann wieder nach außen« (Schreurs 2001). Sie können sich das folgendermaßen vorstellen:

Zuerst werden Sie sich Ihrer eigenen Gefühle, Ihrer Ansichten und Verantwortung bewusst, dann blicken Sie in die Außenwelt, erkennen das Dasein, so wie es ist, verlassen den Innenraum und schauen jetzt von außen auf die eigenen Gefühle, Ansichten und die eigene Verantwortung. Sie kommen zu Ihrer Mitte zurück und blicken nach einer Weile nach oben zu den Sternen, zum Mond und zur Sonne. Dann reisen Sie in der Imagination nach oben, als ob Sie auf einer Wolke sitzen oder in einem Raumschiff reisen würden, sehen hinunter und erblicken sich selbst.

Der winzige, kleine Punkt sind Sie. Von dieser kosmischen Reise kehren Sie zur Erde zurück und entdecken mit einem staunenden geöffneten Herzen von Neuem Ihre Gefühle, Ihre Ansichten und Verantwortung. Nachdem Sie sich Zeit genommen haben, gehen Sie zu Ihrer Grenze und schauen liebevoll ins Diesseits.

Warum gelingt es nicht jedem von uns, nachdem er in sein Reich heimgekehrt ist, diese Ganzheit zu spüren? Viele Menschen wurden vom Zugang zur vertikalen Dimension abgeschnitten.

Pia Mellody glaubt, dass die schwerwiegende Misshandlung von Kindern gleichzeitig ein spirituelles Trauma auslöst. Dieses Trauma beeinträchtigt das Vertrauen des Kindes in eine höhere Macht. Darüber hinaus hätten diese Kinder große Schwierigkeiten zu glauben, kostbare, liebenswerte Geschöpfe Gottes zu sein, wenn sie durch entmachtende Misshandlungen beschämt wurden und sie dadurch ein sehr negatives Selbstgefühl entwickeln. Wenn die Kinder sich für wertlos und minderwertig halten, meinen sie vielleicht, dass sie es auch nicht wert seien, mit einer höheren Macht in Verbindung stehen zu dürfen. Sie können die extreme Scham nicht ertragen, wenn sie ihre Unzulänglichkeiten erkennen und versuchen, diese mitzuteilen. Dieses Schamgefühl entfremdet sie von anderen und von einer höheren Macht (Schlumpf & Werder 2000).

Es kann sein, dass ein Kind trotz Misshandlungen seine Eltern verehrt. Mellody glaubt, dass dies zu einem falschen Gefühl führt, besser zu sein als andere. Die Kinder werden, wenn sie erwachsen sind, zu ihrer eigenen höheren Macht. Wenn Kinder zu ihrer eigenen höheren Macht werden und überzeugt sind, sie könnten andere verletzen und demütigen, sind sie von spirituellen Erfahrungen abgeschnitten (Mellody 1991).

Spirituelle Traumata und religiöse Störungen erhielten in der amerikanischen Klassifikation psychischer Erkrankungen (DSM 4) bereits 1996 eine eigene Kategorie »Religiöses oder spirituelles Problem«, Kodifizierung V 62.89. Die Definition lautete wie folgt:

> Diese Kategorie kann verwendet werden, wenn im Vordergrund der klinischen Aufmerksamkeit ein religiöses oder spirituelles Problem steht. Beispiele sind belastende Erfahrungen, die den Verlust oder das in Frage stellen von Glaubensvorstellungen nach sich ziehen, Probleme im Zusammenhang mit der Konvertierung zu einem anderen Glauben oder das in Frage stellen spiritueller Werte, auch unabhängig von einer organisierten Kirche oder einer religiösen Institution. (Sass 1996)

Die spirituelle Verbundenheit, das Geführt-werden durch etwas Größeres, das Getragen-sein, das Einssein wurden traumatisiert. Die Behandlung spiritueller Traumata wird zunehmend auch von psychotherapeutischen Strömungen wieder entdeckt.

Wir haben gesehen, dass ein innerpsychisches Wohlbefinden nur möglich ist, wenn der interpersonelle Austausch wohl erwogen und freudenreich gestaltet wird. Wenn wir unsere passende Größe gefunden haben, die unserer Entfaltung, unserem Wachstum und unserer Wandlung entspricht, können wir uns der vertikalen Ausdehnung hingeben. Doch nicht nur in der wohligen Weichheit eines warmen Kissens, sondern manchmal gerade im Moment der Verzweiflung und des Aufgebens erhalten wir von ganz woanders her ein zufließendes Geschenk. Wir erfahren in uns den unzerstörbaren Kern, unseren eigenen psychischen Innenraum, fühlen eine alles übergreifende, vertikale Ordnung und wissen uns im Augenblick in einem umfassenderen Leben neu geborgen (Dürckheim 1973).

Kapitel 25
Den eigenen Weg gehen

Zu lieben bedeutet, sich der Gegenwart eines geliebten Menschen bewusst zu sein. Dann erkennen wir seine Anwesenheit als etwas sehr Kostbares. »Liebling, ich weiß, dass du da bist. Ich weiß, dass du lebendig bist, und das macht mich glücklich.« Wahrhaft zu lieben bedeutet, für einen Menschen ganz da zu sein und sein Dabeisein zu erkennen. Das größte Geschenk, das wir diesem Menschen machen können, ist unsere wahre Anwesenheit (Thich Nhat Hanh 2004). Eine Beziehung achtsam zu leben heißt, achtsam für eine Weile gemeinsam den gleichen Weg zu gehen. Alles hängt dabei von einem einzigen Schritt ab. Wenn wir nämlich einen friedvollen Schritt machen können, sind wir auch fähig, zwei zu machen. Schließlich kann jeder unserer Schritte voller Friede sein (Thich Nhat Hanh 1996). Eine Beziehung achtsam leben, bedeutet in Bewegung sein, heißt, gemeinsam angekommen zu sein, heißt, in Zweisamkeit den gemeinsamen Weg miteinander weiter gehen zu dürfen.

Viele von uns haben ihren Weg verloren, laufen desorientiert durch die Welt und suchen ihn verzweifelt oder voller Hoffnung. Manchmal gelingt es nach einer jahrelangen Reise, den eigenen Pfad aus eigener Kraft wiederzufinden, manchmal dürfen wir einem Helfer begegnen, der uns den Weg zu unserem Weg weist. Gelegentlich begleitet der Führer uns noch eine Zeit lang, nachdem wir bereits auf unseren Lebenspfad zurückgekehrt sind.

Wir werden hier ein Bild des großen Therapeuten Milton Erickson aufgreifen und leicht modifiziert darstellen. Sidney Rosen (Rosen 2000) beschreibt, wie Erickson es für die Aufgabe des Therapeuten hielt, Individuen zu ihrem eigenen »eigentlichen Weg« zurückzubringen. In diesem Zusammenhang erzählte Erickson die Geschichte von einem Pferd, das sich auf den Hof eines Bauern verirrt hatte:

> Als der Bauer nach einem harten Arbeitstag auf dem Lande zu seinem Hof zurückkehrte, fand er da ein fremdes Pferd. Das Pferd hatte keine Brandzeichen oder andere Erkennungsmerkmale, sodass er sich entschloss, das Pferd vom Hof zur Hauptstraße zu bringen. Als sie bei der Hauptstraße ankamen, ging das Pferd nach links. Der Bauer begleitete das Pferd, neben ihm herlaufend über Feldwege, durch Wälder und Dörfer, bis sie zu einem anderen Hof kamen. Der Bauer dieses Hofs trat aus seinem Haus und fragte verwundert: »Wie wussten Sie, dass dies mein Pferd ist?« Der erste Bauer antwortete: »Ich wusste es nicht, das Pferd wusste es.« Da sagte der zweite Bauer: »Wenn das Pferd es wusste, warum sind Sie den ganzen Weg mit ihm gegangen?« Da antwortete der erste Bauer: »Damit es nicht wieder von seinem Weg abkommt.«

Diese Geschichte zeigt uns verschiedene Aspekte unseres Lebens auf. Erstens, dass wir und nur wir, wissen, wo unser Weg uns hinführt. Nur wir kennen den Weg, aber nicht nur wir merken, ob wir angekommen sind. Das Bild zeigt uns, dass in jedem Leben die Möglichkeit besteht, von unserem Weg abzukommen. Wenn wir uns verlaufen haben, können wir bitten, auf dem fremden Hof bleiben zu dürfen, oder wir können Hilfe annehmen und unseren Weg zurückfinden. Die Geschichte erzählt uns nichts über den Weg vom ersten Hof zur Hauptstraße. Dieser Weg kann länger oder kürzer sein. Das Bild zeigt uns, dass die Hilfe bei der Kreuzung nicht aufhört, sondern dass der Bauer bereit ist, uns vor einem erneuten Abkommen vom Weg zu schützen. Diese Hilfe dürfen wir annehmen, bis wir merken, dass wir ohne Hilfe weitergehen können.

Interessant ist, dass wir wissen, ob wir auf unserem Weg sind, auf unserem eigentlichen Weg. Wenn wir achtsam sind, können wir unseren Geist beruhigen, können wir Einsicht in die Wirklichkeit in uns und um uns herum gewinnen. Innehaltend spüren wir, ob wir auf unserem Weg unterwegs sind. Manchmal ist es schmerzhaft, erkennen zu müssen, dass wir unseren Weg verfehlt haben, und wir bevorzugen es, diese Tatsache zu ignorieren.

So wie der erste Bauer realisierte, dass das Pferd die Richtung verloren hatte, so merkte der zweite Bauer, dass es wieder zurückgekommen war. Wir Menschen können, wenn wir achtsam hinschauen, mit Vorsicht feststellen, ob ein Mitmensch auf seinem Weg ist oder nicht. Auch hier kann es schmerzlich sein, das Fehlgehen eines geliebten Menschen bewusst mitzuerleben.

Wie weiß ich, dass ich auf meinem Weg bin? Ich weiß, dass ich auf meinem Weg bin, wenn ich weiß, dass ich auf meinem Weg bin. Es ist ein Gefühl des Wissens, welches sich beim achtsamen Innehalten zeigen wird. Dieses »Wissensgefühl« ist schwer zu beschreiben, vielleicht ist es sogar unmöglich in Worte zu fassen. Wenn wir still sind, erkennen wir es bei uns, und wenn wir mit wachem Sinne hinschauen, können wir es auch beim Gegenüber wahrnehmen. Wir können hier einige Hinweise geben, die uns vielleicht helfen können, dieses Gefühl des Wissens festzustellen. Auf unserem Weg sind wir zuversichtlich und dankbar, wissen, dass wir mit den Steinen auf unserem Weg umgehen können. Wenn wir auf unserem Weg sind, müssen wir nichts ändern, weil unser Weg sich selbst und uns ändert. Wenn ich meinen Platz im Leben gefunden habe, wenn ich in meinem Garten heimisch geworden bin, habe ich meinen Weg gefunden.

Ein schöner, leicht abgeänderter Navajo-Vers (Cowan 2000) hilft uns, den Zusammenhang zwischen »Im eigenen psychischen Innenraum sein« und »Auf dem eigenen Weg sein« nachzuempfinden.

Im Garten des langen Lebens, da wandre ich.
Im Garten des Glücks, da wandre ich.
Mit Schönheit vor mir, so wandre ich.
Mit Schönheit hinter mir, so wandre ich.
Mit Schönheit unter mir, so wandre ich.
Mit Schönheit über mir, so wandre ich.
Mit Schönheit rund um mich, so wandre ich.

Reisend ins Alter, so wandre ich.
Ich bin auf dem schönen Weg, da wandre ich.

Unser eingeschlagener Weg ist rückblickend immer unser Weg, ganz unabhängig davon, ob wir auf unserem Weg waren oder nicht. Das Wissen über unseren Weg bezieht sich auf das Jetzt und auf unser Verhalten im Jetzt. Zu wissen, dass wir Jahre in eine andere Richtung gegangen sind, kann schmerzlich sein. Dieser Schmerz ist notwendig, um sich bewusst zu werden, dass diese Jahre nicht umsonst waren, nicht weggeworfen sind. Der Schmerz ermöglicht, dass er zum Teil unseres Weges wird. Als Teil unseres Weges wird der andere Weg zum Erfahrungsweg. Wenn wir uns im Klaren sind, dass wir auf unserem Weg gehen dürfen und dass es viele andere Wege gibt, dann sind wir meistens im Nachhinein imstande, den Ort und den Zeitpunkt genau zu lokalisieren und zu datieren, wo und wann wir vom Wege abgekommen sind. Retrospektiv zeigt sich häufig, dass wir auf unserem Weg waren und als dies oder jenes geschah, wir von diesem Weg abgekommen sind, und dass wir anno so und so wieder auf unseren Weg zurückgefunden haben.

»*Moritz ist in Südfrankreich als Sohn eines norddeutschen Ehepaares geboren. Er ging dort bereits in die erste Klasse, als die ganze Familie nach Stuttgart umzog. Der Standortwechsel, der Schulwechsel, der Sprachwechsel waren für ihn einschneidende Erlebnisse. Jetzt ist er 42 Jahre alt und rückblickend erkennt er, dass er mit sechs Jahren erstmals von seinem Weg abgekommen ist. Sein neuer deutscher Klassenlehrer half ihm damals mit viel Geduld und Zuwendung, auf seinen Weg zurückzufinden. Als sein um zwei Jahre jüngerer Bruder mit 14 Jahren einen schweren Unfall erlitt und dabei für immer an den Rollstuhl gefesselt wurde, geriet Moritz zum zweiten Mal von seinem Weg ab. Aufgrund dieses Unfalls, der das ganze Familienleben aus dem Gleichgewicht brachte, ließ er sich zum Physiotherapeuten ausbilden. Erst nach fünfjähriger Tätigkeit in einem Akutkrankenhaus wurde ihm nach einem langen Spaziergang im Wald klar, dass er sich nicht auf dem richtigen Weg befand. Er holte das Abitur nach und bildete sich berufsbegleitend zum Informatiker aus. Dieser mutige Schritt brachte ihn auf seinen Weg zurück, und er spürte, wie die Lebensenergie wieder durch seinen Körper floss. Er heiratete und gründete eine Familie. Nach sechsjähriger Ehe verstrickte er sich im Alter von 38 Jahren in eine Affäre mit einer Musikerin. Die Familien- und die Beziehungstragödie nahmen ihm viel Kraft weg. Mit 42 Jahren, nach vierjährigen qualvollen Gehversuchen auf einem steinigen und abgründigen Weg, entschied er sich für eine Psychotherapie. Der Therapeut kam gerade zurück von einem harten Arbeitstag auf dem Land und brachte Moritz mit viel Geduld und Feingefühl zu seiner Hauptstraße zurück.*

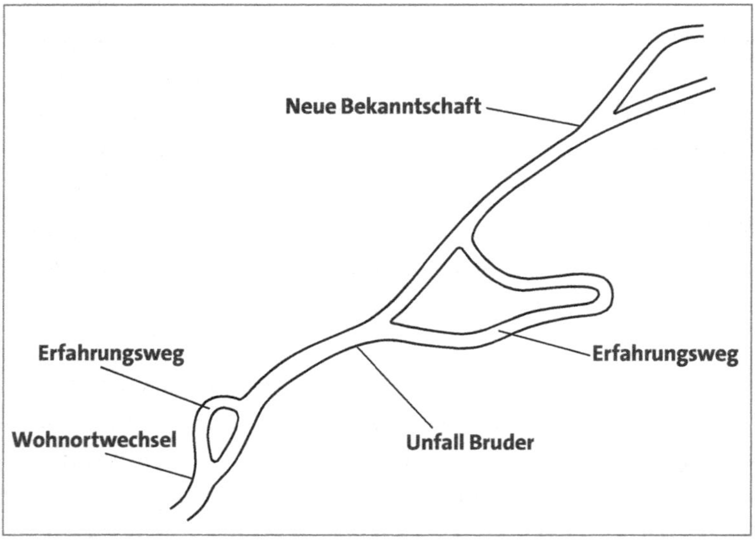

Abbildung 7: Moritz' Lebensweg und seine Erfahrungswege

An diesem Beispiel sehen wir, wie tiefgreifend ein Umzug oder Wegzug sein kann (dies muss natürlich nicht immer der Fall sein) und wie ein einfühlsamer Lehrer einen kleinen Jungen auf seinen Weg zurückführen kann. Wir sehen, wie ein schlimmes Ereignis in der Familie uns erschüttern kann und uns in ein fremdes Schicksal einbeziehen kann. In diesem schlimmen Augenblick waren vermutlich mehrere Kräfte tätig, die Moritz von seinem Weg abkommen ließen. Wahrscheinlich wurde er nicht nur traumatisiert wegen des schrecklichen Unfalls seines jüngeren Bruders, sondern er erhielt innerhalb der Familie auch neue Aufgaben und eine neue Rolle, die er nicht erfüllen konnte. Auf diesen Aspekt werden wir noch eingehen. Das dritte Mal, als er auf Abwege kam, spielte nicht nur eine Frau, sondern auch die Musikwelt, in der die Frau weilte, eine Rolle. Die Musik lockte ihn in neue Sphären, und er konnte ihrer Versuchung nicht widerstehen. Erst als das Familienleben zum wagnerianischen Drama wurde, sah er ein, dass er ohne Hilfe mit den Steinen auf dem eingeschlagenen Weg nicht klarkommen würde.

Wie im Kapitel »Das Land zwischen dir und mir« schon angedeutet, kann das Sich-Verführen-lassen auch etwas Lustvolles haben. Die Entdeckung der Musik hatte für Moritz etwas Freudvolles, Reiches und Tiefes. Die anderen Wege können schön sein, können uns durch herrliche Landschaften führen, und manchmal sind wir dankbar dafür, diesen Erfahrungsweg gegangen zu sein. Dieses Wissen um den Reiz der anderen Wege macht uns noch verletzlicher, öffnet uns noch mehr der Versuchung. Die Versuchung geschieht im Spannungsfeld zwischen der anziehenden Kraft des anderen Weges und der Kraft des eigenen Weges und kann etwas Reizvolles haben. Dieses Sich-messen mit den gegensätzlichen Kräften, dieses Hin- und Herziehen lassen, dieses Hingeben und Zurückhalten führt oft zu einem faszinierenden Spiel. Die Illusion, sich gleichzeitig in zwei Welten aufhalten zu können, dauert so lange, bis der Tanz zu Ende geht und sich ein erstes Stolpern bemerkbar macht und andeutet, dass wir die Richtung verloren haben. Nur selten folgt direkt ein böses Erwachen, da dieser andere Weg traumhaft schön sein kann.

Es macht Sinn, davon auszugehen, dass ein Menschenkind schon bei der Geburt auf seinen Weg geführt wird. Das Kind geht neben seinen Eltern auf dem gemeinsamen Familienweg. In der Pubertät beginnt es sich zunehmend sichtbar auf seinen eigenen, von den Eltern getrennten Weg, vorzubereiten. Ungefähr zwischen dem 18. und 25. Lebensjahr kann es den ersten Schritt auf diesen eigenständigen Weg wagen. Es verlässt den elterlichen Pfad und nicht umgekehrt. Für den Gang auf seinem Weg braucht der Jugendliche neue Qualitäten. Er braucht Risikobereitschaft, Mut, Verantwortungsbewusstsein, die Fähigkeit, selbstständig zu entscheiden, Weitsicht, d.h. das Vermögen zukünftiger Konsequenzen der eigenen Handlungen und ihre potenziellen Auswirkungen auf andere einschätzen zu können, und die Fähigkeit, das Ausmaß der Impulsivität der Gefühle im Zaum zu halten. Es ist interessant, dass Hirnforscher in den letzten Jahren diesbezügliche Änderungen und Anpassungen im Gehirn festgestellt haben (Strauch 2003). Es zeigt sich, dass im Gehirn von Teenagern nicht nur die zweite Wachstumsphase des Präfrontallappens stattfindet, sondern auch das Kleinhirn einen Entwicklungsschub erlebt. Wie Forschungen zeigen, spielt dieser Teil unseres Hirns wahrscheinlich auch eine Rolle bei der Fähigkeit, von sich selbst zu abstrahieren und sich von außen zu betrachten. Das Kleinhirn ist, wie man bis vor kurzem glaubte, nicht nur für die Bewegungskoordination zuständig, sondern entwickelt in der Pubertät zudem die Fähigkeit, verschiedene soziale Umgangsformen wahrzunehmen (Strauch 2003).

Dieser Prozess führt zur Gabelung in zwei Wege: der neue eigene Weg und jener der Eltern. Das Heidelberger familiendynamische Konzept beschreibt Aufgaben- und Verantwortungsweitergabe, die den Richtungswechsel zum eigenständigen Weg beeinflussen können. Wenn Eltern, oft unbewusst, eine Lebensaufgabe im Innenraum des Kindes hinterlassen, spricht Stierlin, ein Vertreter der Heidelberger Schule, von Delegation (Stierlin 1978). Die Eltern delegieren dem Kind eine Aufgabe, die sie selbst nicht bewältigen oder erfüllen können. Je nach Aufgabe hat dies Konsequenzen für den Werdegang des jungen Menschen, für seine Individuation. Die Delegation kann eine Mission, ein Auftrag oder eine Sendung sein, die dazu führt, dass das Kind frühzeitig den gemeinsamen Familienweg (Eltern und Kind) verlassen muss, will es die Aufgabe erfüllen. Das Kind steht vor der Wahl, im jungen Alter einen anderen Weg zu gehen oder die Liebe der Eltern zu verlieren. Mit seiner noch geringen Lebenserfahrung entscheidet es sich meistens für die Liebe der Eltern, verlässt den bisher gemeinsamen Weg und muss somit in der Welt der Großen mutterseelenallein um sein emotionales Überleben kämpfen. Das Kind wird fortgeschickt, um die Mission zu erfüllen, bleibt aber dem Sender verpflichtet. Es mag deutlich sein, dass der Missionsweg nicht der Lebensweg des Kindes ist und dies auch nicht plötzlich werden kann, wenn es erwachsen wird. Der unausweichliche Richtungswechsel kann schwerwiegende Folgen haben. Hier sehen wir nochmals, wie vorsichtig wir sein müssen, insbesondere gegenüber Kindern, mit der Weitergabe von Aufgaben.

Ein Kind kann auch eine bindende Aufgabe erhalten, im Sinne eines Auftrages, den Weg der Eltern nicht verlassen zu dürfen. Anstatt seinem eigenen Weg und seiner eigenen Entwicklung nach der Pubertät folgen zu dürfen, wird dem Kind indirekt mitgeteilt, sich um einen Elternteil zu kümmern. Die Eltern haben ihm eine Aufgabe gegeben, die eine gesunde Ablösung unmöglich macht. Das Kind geht als Erwachsener denselben Weg wie die Eltern, der naturgemäß nicht mehr sein Weg sein kann.

»*Adrian ist das jüngste von drei Kindern. Schon als Kind erhielt er die Aufgabe, sich um seine Mutter zu kümmern. Wenn sie traurig war, blieb er zu Hause, um sie zu trösten, anstatt mit den Nachbarskindern Fußball zu spielen. Als sein Vater nach kurzer Erkrankung verstarb, Adrian war gerade 14 Jahre alt, erhielt er im Haus Funktionen, die sein Vater erfüllt hatte. Obwohl seine beiden Schwestern älter waren, übernahmen sie keine Verantwortung und wussten sich gegen neue Aufgaben abzugrenzen. Adrians Mutter blieb allein, hatte kein Bedürfnis, einen neuen Partner kennenzulernen. Adrian studierte Medizin und erfüllte somit den Wunsch seiner Mutter, die, aus ärmlichen und einfachen Verhältnissen stammend, nicht die Chance gehabt hatte, ihren Traum, einmal Ärztin zu werden, zu verwirklichen. Als erfolgreicher Chirurg verzichtete Adrian auf eine vielversprechende Stelle in einer anderen Stadt. Er glaubte, in Mutters Nähe bleiben zu müssen. Anstatt seinen eigenen Weg zu gehen, lief er an der Seite seiner Mutter auf ihrem Weg weiter.*

Nicht nur für das Verstehen der Kindheit, der Pubertät und der Adoleszenz kann das Bild des eigenen Weges dienlich sein, auch zum Erkennen der partnerschaftlichen Dynamik, kann diese Metapher hilfreich sein. In der »idealen Beziehung« ist der Mann bei sich, ist er auf seinem

Weg und folgt ihm mit Zuversicht und Zufriedenheit. Die Frau fühlt sich wohl in ihrem Raum, geht mit sicheren Schritten auf ihrem Weg. Sein Weg und ihr Weg kommen sich näher, bis sie zu einem gemeinsamen Weg werden. Obwohl sie beide jetzt den gleichen Weg gehen, geht er nach wie vor seinen Weg und sie folgt weiterhin ihrem Weg. Wenn sie jetzt eine partnerschaftliche Beziehung eingehen, gehen beide immer noch ihren Weg. Dies wäre die »ideale Beziehung«, in der beide wissen, auf einem gemeinsamen, aber auch eigenen Weg achtsam nebeneinander gehen zu dürfen (siehe Abbildung 8).

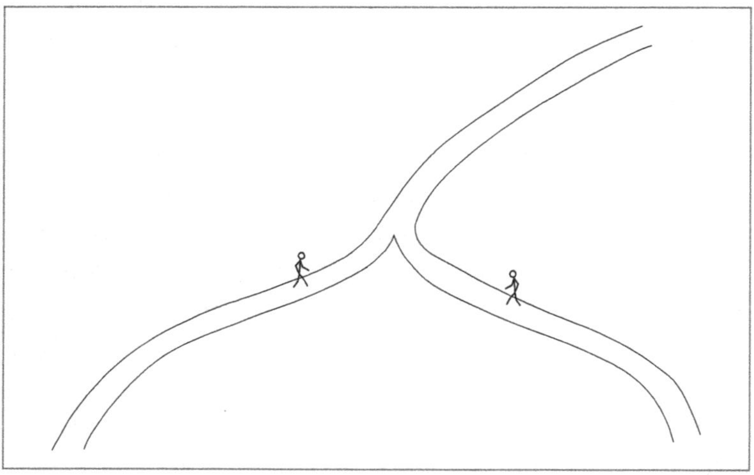

Abbildung 8: Der je eigene und der gemeinsame Weg

Oft ist es anders. Theoretisch gibt es vier Möglichkeiten.
A: Der Mann ist auf seinem Weg. Die Frau verlässt ihren Weg, um ihn auf seinem Weg zu begleiten.

B: Die Frau ist nicht auf ihrem eigenen Weg und verlässt diesen Weg, um an der Seite des Mannes, auf dessen Weg, weiterzugehen.

C: Der Mann ist nicht auf seinem Weg. Die Frau verlässt ihren Weg. Jetzt sind beide nicht mehr auf ihren eigenen Wegen.

D: Der Mann und die Frau sind beide nicht auf ihrem Weg. Die Frau verlässt einen Weg, um sich dem Mann anzuschließen.

Es ist klar, dass sowohl die Frau wie auch der Mann sich entscheiden können, den jetzigen, eingeschlagenen Weg zu verlassen.

Gehen wir die vier Möglichkeiten durch. Im Beispiel A ist der Mann auf seinem Weg. Für ihn ist es erfreulich, wenn die Frau ihren Weg ihm zuliebe verlässt, da er somit nichts aufgeben muss und seinen Weg weiterverfolgen kann. Er bekommt jetzt sogar eine Begleiterin, mit der er seine Erlebnisse teilen kann. Nur seine Partnerin hat etwas gemacht, was ihr möglicherweise nicht guttut. Sie hat ihren Weg verlassen und wird psychisch und vielleicht auch physisch merken, dass es ihr auf diesem, für sie vielleicht noch »unklaren, anderen Weg« nicht so gutgeht. Je nach Kraft der Faszination für seinen Weg wird es eine Weile dauern, bis sie den Zugang zu ihrem »Wissensgefühl« zurückgefunden hat. Gefühle wie: Der Mann zieht mich an oder er faszinierte mich von Anfang an, sind Hinweise dafür, dass sie bereit ist, ihren Weg zu verlassen. Wenn der Mann die Frau in ihrer Ganzheit, mit ihren Grenzen achtsam wahrgenommen hätte, hätte er vermutlich gemerkt, dass sie ihren Weg aufgeben würde.

Im »idealen Fall«, wenn ihr Weg mit dem Weg des Partners verschmilzt, spielt die Anziehungskraft oder die Faszination des Partners meistens keine große Rolle, da ihr Weg primär ihre Gehrichtung bestimmt und nicht die Attraktivität des Mannes.

Oft sehen wir, wenn die Frau (dies gilt genauso für den Mann) schon längere Zeit nicht mehr auf ihrem Weg ist, dass der Richtungswechsel für sie auch mit Hoffnung erfüllt sein kann. Unbewusst hofft sie vielleicht, dass sein Weg sich als der ihrige erweisen wird. Dies ist nur selten der Fall. Um die schmerzhafte Enttäuschung nicht spüren zu müssen, hält die Frau an dieser Illusion fest. Sie hat sich von einem Erfahrungsweg auf den nächsten begeben (Beispiel B).

Die tragischste Versuchung ist, wenn der Mann nicht auf seinem Weg ist und die Frau ihren Weg der Partnerschaft zuliebe verlässt (Beispiel C). Jetzt sind beide nicht mehr auf ihren Wegen. Es ist klar, dass die Frau, die kurz vorher noch auf ihrem Weg war, unbewusst zurückwill. Dieses intuitive Zurückwollen kann mit unbewussten Änderungsversuchen einhergehen.

Die harmloseste Änderung ist, wenn beide nicht auf ihrem Weg sind, und einer sich auf den Weg des anderen begibt (Beispiel D).

Wir sind nicht allein auf unserem Weg. Neben uns, vor uns und hinter uns gehen viele Mitmenschen den gleichen Weg. Manchmal macht es Sinn, innezuhalten, damit die hinter uns Gehenden neben uns kommen. Von Zeit zu Zeit beschleunigen wir unseren Schritt, sodass wir mit denen vor uns im gleichen Schritt gemeinsam weitergehen können. Es ist großartig zu spüren, dass wir angekommen sind. Es ist wunderschön zu merken, dass es weitergeht. Es ist beglückend, zusammen mit einem liebenswürdigen Menschen auf unserem Weg sein zu dürfen. Es ist ein Geschenk, auf unserem Lebensweg einen Mitmenschen an unserer Seite in seiner Ganzheit und in seiner Begrenztheit achtsam lieben zu dürfen.

Lieber Leser, nun sind Sie mit mir am Ende dieses Buches angelangt. Mit vielen anderen Lesern sind Sie ein kleines Stück den gleichen Weg gegangen.

Ich hoffe, dass Sie zuversichtlich, mit achtsamem Schritt weitergehen können und wünsche Ihnen einen farbenfrohen, liebevollen eigenen Innenraum, einen schützenden Zaun, ein wohltuendes, behutsames Hinschauen, eine wiederkehrende innige Zweisamkeit und alles Gute auf Ihrem Weg.

Literaturverzeichnis

Achterberg, J. (1985): *Die heilende Kraft der Imagination, Heilung durch Gedankenkraft, Grundlagen und Methoden der neuen Medizin.* Bern: Scherz.

Ausloos, G. (1980): Secrets de famille. 62–80. In: Haley, J.; Caille, P. ; Ausloos, G.; Ferreira, A. J.; Sluzki, C. E. & Veron, E., *Annales de psychothérapie: changements systémiques en thérapie familiale.* Paris: ESF.

Bahrick, L. (1995): Intermodal origins of self-perception. In: Rochat, v. P., *The self in infancy, Theory and research, Advances in psychology*, 112, 349–373.

Bahrick, L. & Pickens, J. N. (1994): Amodal relations: The basis for intermodal perception and learning in infancy. In Lewkowicz, D. J. & Lickliter, R. (Eds.), *The development of intersensory perception: Comparative perspectives,* Lawrence Erlbaum, S. 205–233.

Bauer, J. (2002): *Das Gedächtnis des Körpers. Wie Beziehungen und Lebensstile unsere Gene steuern.* Frankfurt am Main: Eichborn.

Bauer, J. (2005): *Warum ich fühle, was du fühlst. Intuitive Kommunikation und das Geheimnis der Spiegelneurone.* Hamburg: Hoffmann und Campe.

Berking, H. (1996): *Schenken, Zur Anthropologie des Gebens.* Frankfurt: Campus.

Bischof-Köhler, D. (1989): *Spiegelbild und Empathie. Die Anfänge der sozialen Kognition.* Bern: Hogrefe.

Blaser, K. (2011): Boundary based Awareness und transgenerationale Traumaweitergabe. *Zeitschrift für Psychotraumatologie, Psychotherapiewissenschaft,* Psychologische Medizin, 75–81.

Blaser, K. (2012): *Aufmerksamkeit und Begegnung: Zwischenmenschliches Aufmerksamkeitsrepertoire, Ich-Grenzen und die Kunst des Zusammenseins.* Kröning: Asanger.

Blaser, K. (2014): *In mir und um mich herum: Ich-Grenzen dreidimensional visualisieren.* Basel: Synergia.

Blaser, K. (2015): *No Empathy without Self-Boundaries: A New Spatial Attention Concept for Understanding Empathy, Journal of Studies in Social Sciences* Vol. 12/2, 219–234.

Blaser, K. (2015): *Gefühle entdecken und achten. Ein Übungsbuch.* Basel: Synergia.

Blaser, K. (2017): *Grenze und Liebe. Wie gesunde Ich-Grenzen zu Mitgefühl, Empathie und Liebe führen.* Hamburg: Diplomica.

Blaser, K. & Buchli-Kammermann, J. (2017): Training to strengthen the mental self-boundary (self-boundary awareness training SBAT): results in greater mindfulness: How self-boundary awareness increases mindfulness, advances in *social sciences research journal*, 4 (1), 62–61.

Blaser, K. (2020): *Sag Ja zum Nein sagen. Das Trainingsprogramm zur Stärkung der eigenen Grenze.* Stuttgart: Klett-Cotta.

Blaser, K. (2023): *Vom Loslassen und Aufsteigen: Eine spirituelle Therapieform.* Stuttgart: Schattauer.

Bossard, J. & Bol, E. (1950): *Ritual in family living.* Pennsylvania: University of Pennsylvania Press.

Buber, M. (1995): *Ich und Du.* Stuttgart: Reclam.

Buber, M. (1986): *Das dialogische Prinzip.* Gütersloh: Gütersloher Verlagshaus.

Caplow, T. (1984): Rule Enforcement without Visible Means: Christmas Gift Giving in Middletown. *American Journal of Sociology*, Vol. 89/6, 1306–1323.

Carr, L.; Iacoboni, M.; Dubeau, M.; Mazziotta, J. C. & Lenzi, G. (2004): Neural mechanisms of empathy in humans: A relay from neural systems for imitation to limbic areas, *Neuroscience*, 16, 1818–1829.

Claussen, C. (1998): *I Ging, kurz & praktisch.* Freiburg i. Breisgau: Hermann Bauer.

Cowan, T. (2000): *Schamanismus. Eine Einführung in die tägliche Praxis.* Hamburg: Rowohlt.

Damasio, A. R. (2003): *Der Spinoza-Effekt. Wie Gefühle unser Leben bestimmen.* München: Ullstein, List.

Decety, J. & Chaminade, T. (2003): When the self represents the other: A new cognitive neuroscience view on psychological identification. *Consciousness and Cognition*, 12, 577–596.

Decety, J. & Chaminade, T. (2003b): Neural correlates of feeling sympathy. *Neuropsychologia*, 41, 217–138.

Decety, J. & Jackson, P. L. (2004): The functional architecture of human empathy. *Behavioural and Cognitive Neuroscience Review*, 3, 71–100.

Demandt, A. (2020): *Grenzen, Geschichte und Gegenwart*. Berlin: Propyläen.

De Waal, F. (2019): *The age of empathy. Nature's lessons for a kinder society*. London: Souvenir Press, Main Edition.

Dilling, H., Mombour, W. & Schmidt, M. H. (2015): *Internationale Klassifikation psychischer Störungen: ICD-10 Kapitel V (F): – Klinisch-diagnostische Leitlinien*. Göttingen: Hogrefe.

Dürckheim, K. G. (1973): *Vom doppelten Ursprung des Menschen*. Freiburg i. Breisgau: Herder.

Forward, S. & Frazier, D. (2000): *Emotionale Erpressung. Wenn andere mit Gefühlen drohen*. München: Goldmann.

Gallese, V. (2003): The roots of empathy: The shared manifold hypothesis and the neural basis of intersubjectivity, *Psychopathology*, 36, 171–180.

Gallese, V.; Keysers, C. & Rizzolatti, G. (2004): A unifying view of the basis of social cognition, *Trends in Cognitive Sciences*, 9, 396–403.

Gallup, G. G. (1970): Chimpanzee Self-Regocnition. *Science*, 167, 86–87.

Galuska, J. (2003): *Den Horizont erweitern. Die transpersonale Dimension in der Psychotherapie*. Berlin: Ulrich Leutner.

Gendlin, E. T. (1999): *Focusing in der Praxis. Eine schulenübergreifende Methode für Psychotherapie und Alltag*. Stuttgart: Klett-Cotta.

Gilligan, S. G. (1999): *Liebe dich selbst wie deinen Nächsten. Die Psychotherapie der Selbstbeziehung*. Heidelberg: Carl-Auer.

Goldstein, J. (1999): *Vipassana-Meditation, Buddhistische Achtsamkeitsmeditation als Weg zur inneren Freiheit*. Freiburg i. Breisgau: Arbor.

Gray, J. (1992): *Männer sind anders, Frauen auch. Männer sind vom Mars, Frauen von der Venus.* München: Goldmann.

Grof, S. (2000): *Kosmos und Psyche: An den Grenzen menschlichen Bewußtseins.* Frankfurt am Main: Fischer Taschenbuch Verlag.

Grün, A. & Robben, R. (2004): *Grenzen setzen – Grenzen achten, damit Beziehungen gelingen – Spirituelle Impulse.* Freiburg i. Breisgau: Herder.

Grünbaum-Flury, C. (2001): Psychischer Schutz im Überblick. *Spuren*, 59, 23.

Hellinger, B. (2003a): *Gedanken unterwegs.* München: Kösel.

Hellinger, B. (2003b): *Ordnungen des Helfens.* Heidelberg: Carl-Auer.

Hinterberger, T.; Zlabinger, M. & Blaser, K. (2014): Neurophysiological correlates of various mental perspectives, *Frontiers in Human Neuroscience, Vol. 8 Art* 637, 1–16, doi: 10.3389/fnhum.2014.00637

Hochschild, A. R. (2006): *Das gekaufte Herz. Die Kommerzialisierung der Gefühle.* Frankfurt am Main: Campus.

Hoff, B. (1984): *Tao Te Puh.* Essen: Synthesis.

Hoorwitz, A. N. (1987): *Hypnotic methods in nonhypnotic therapies.* New York: Irvington.

Hösl, G. G. (2002): *Mediation, die erfolgreiche Konfliktlösung.* München: Kösel.

Hossenfelder, M. (1991): *Epikur.* München: C. H. Beck.

Hutchison, W. D. (1999): Pain-related neurons in the human cingulate cortex. *Nature Neuroscience,* 2, 403–405.

Iacoboni, M.; Woods, R. P.; Brass, M.; Bekkering, H.; Mazziotta, J. C. & Rizzolatti, R. (1999): Cortical Mechanisms of human Imitation, *Science*, 286, 2526–2528.

Imber-Black, E.; Roberts, J. & Whiting, R. A. (2001): *Rituale. Rituale in Familien und Familientherapie.* Heidelberg: Carl-Auer.

Ingerman, D. (2002): *Die Heimkehr der verlorenen Seele, Schamanische Selbstheilung.* München: Ullstein.

Jackson, P. L.; Meltzoff, A. N. & Decety, J. (2005): How do we perceive the pain of others? A window into the neural processes involved in empathy, *Neuroimage*, 24, 771–779.

Jäger, H. (2003): *Mit den passenden Schuhen vergisst man die Füße. Ein Zhuangzi-Lesebuch.* Freiburg i. Breisgau: Herder.

Jäger, W. (2000): *Die Welle ist das Meer.* Freiburg i. Breisgau: Herder.

Kabat-Zinn, J. (2005): *Gesund durch Meditation. Das große Buch der Selbstheilung.* Frankfurt am Main: O. W. Barth.

Kabat-Zinn, J. (1999): *Stressbewältigung durch die Praxis der Achtsamkeit.* Freiburg i. Breisgau: Arbor.

Kandel, E. R. (2006): *Psychiatrie, Psychoanalyse und die neue Biologie des Geistes.* Frankfurt am Main: Suhrkamp.

Kast, V. (1998): *Abschied von der Opferrolle. Das eigene Leben leben.* Freiburg i. Breisgau: Herder.

Kessler, R. C.; Sonnega, A.; Bromet, E.; Hughes, M. & Nelson, C. B. (1995): Posttraumatic stress disorder in the national Comorbidity Survey. *Archives of general Psychiatry.* 52, 1048–1060.

Koster, F. (1999): B*evrijdend inzicht, een kennismaking met boedhistische psychologie en inzichtmeditatie.* Nieuwerkerk a/d IJssel: Asoka.

Kriz, J. (1990): Erkennen und Handeln. Zum Verhältnis von konstruktivistisch-systemischer Theorie und Praxis. In: Riegas, V. & Vetter, Chr. (Hrsg.): *Zur Biologie der Kognition.* Frankfurt am Main: Suhrkamp, S. 189–204.

Laing, R. D. (1987): Hatred of Health. *Journal of contemplative psychotherapy* 4, 77–87.

Levine, P. A. (1998): *Trauma-Heilung. Das Erwachen des Tigers. Unsere Fähigkeit, traumatische Erfahrungen zu transformieren.* Essen: Synthesis.

Margalit, A. (1999): *Politik der Würde, über Achtung und Verachtung.* Frankfurt am Main: Fischer.

Martin, G. & Clark, R. (1982): Distress crying in neonates: Species and peer specificity. *Developmental Psychology* 18, 3–9.

Mauss, M. (1990): *Die Gabe, Form und Funktion des Austauschs in archaischen Gesellschaften.* Frankfurt am Main: Suhrkamp.

Mello de, A. (2002): *Was weiß der Frosch vom Ozean. Weisheit für Kopf und Herz.* Freiburg i. Breisgau: Herder.

Mellody, P. (1991): *Verstrickt in die Probleme anderer. Über Entstehung und Auswirkung von Co-Abhängigkeit.* München: Kösel.

Nagel, T. (1986): Wie ist es, eine Fledermaus zu sein? In: Hofstadter, D. R. & Dennet, D. C., *Einsicht ins Ich, Fantasien und Reflexionen über Selbst und Seele.* Stuttgart: Klett-Cotta.

Rappaport, R. A. (1971): Ritual sanctity and cybernetics. *American Anthropologist*, 73/1, 59–76.

Reiss, D. & Marino, L. (2001): Mirror self-recognition in the bottlenose dolphin: A case of cognitive convergence. *Proceedings of the National Academy of Sciences.*, 98, 5937–5942.

Rizzolatti, G. & Arbib, M. A. (1998): Language within our grasp. *Trends in Neuroscience*, 21, 188–194.

Rizzolatti, G.; Fogassi, L. & Gallese, V. (2006): Mirrors in the mind, *Scientific American*, 5, 30–37.

Rosen, S. (2000): *Die Lehrgeschichten von Milton H. Erickson.* Salzhausen: Iskopress.

Rosenberg, M. B. (2001): *Gewaltfreie Kommunikation. Aufrichtig und einfühlsam miteinander sprechen.* Paderborn: Junfermann.

Sass, H. et al. (1996): *American Psychiatric Association: Diagnostic and Statistical Manual of Mental Disorders* (DSM IV). Washington DC.

Schlippe von, A. & Schweitzer, J. (1996): *Lehrbuch der systemischen Therapie und Beratung.* Göttingen: Vandenhoeck & Ruprecht.

Schlumpf, E. & Werder, H. (2000): *Immer für andere da. Wege aus der Überverantwortlichkeit.* München: Kösel.

Schreurs, A. (2001): *Psychotherapie en Spiritualiteit. Integratie van de spirituele dimensie in de therapeutische praktijk.* Assen: Koninklijke Van Gorcum.

Schützenberger, A. A. (1998): *The ancestorsyndrome. Transgenerational psychotherapy and the hidden links in the family tree.* London: Routledge.

Siegel, D. J. & Hartzell, M. (2004): *Gemeinsam leben, gemeinsam wachsen. Wie wir uns selbst besser verstehen und unsere Kinder einfühlsam ins Leben begleiten können.* Freiburg i. Breisgau: Arbor.

Sohst, S.; Blaser, K. & Hinterberger, T. (2022): Altered states of consciousness induced in online multi-perspective systemic constellation sessions: A comparison of horizontal and vertical perspectives. *Psychology of Consciousness*, doi.

Stierlin, H. (1978): *Delegation und Familie. Beiträge zum Heidelberger familiendynamischen Konzept.* Frankfurt am Main: Suhrkamp.

Strasberg, L. (1988): *Schauspielen und das Training des Schauspielers.* Berlin: Alexander.

Strauch, B. (2003): *Warum sie so seltsam sind. Gehirnentwicklung bei Teenagern.* Berlin: Berlin Verlag.

Szondi, L. (1968): *Freiheit und Zwang im Schicksal des Einzelnen.* Bern: Hans Huber.

Thich Nhat Hanh (1996): *Zeiten der Achtsamkeit.* Freiburg i. Breisgau: Herder.

Thich Nhat Hanh (1997): *Das Wunder der Achtsamkeit.* Berlin: Theseus.

Thich Nhat Hanh (2004): *Jeden Augenblick genießen. Übungen zur Achtsamkeit.* Berlin: Theseus.

Thompson, E. (2001): Empathy and Consciousness, *Journal of consciousness studies*, 8, 1–32.

Walach, H. (2021): *Brücken zwischen Psychotherapie und Spiritualität.* Stuttgart: Schattauer.

Watzlawick, P. (1988): *Anleitung zum Unglücklichsein.* München: Piper.

Watzlawick, P.; Beavin, J. H. & Jackson, D. (2000): *Menschliche Kommunikation.* Bern: Hans Huber.

Welter-Enderlin, R. & Hildenbrand, B. (2002): *Rituale. Vielfalt in Alltag und Therapie.* Heidelberg: Carl-Auer.

Wilber, K. (1997): *Das Wahre, Schöne, Gute. Geist und Kultur im 3. Jahrtausend.* Frankfurt am Main: Wolfgang Krüger.

Wilhelm, R. (2004): *I Ging. Das Buch der Wandlungen.* München: Atmosphären.

Wirtz, U. (2003): Die spirituelle Dimension der Traumatherapie, In: Galuska, J., *Den Horizont erweitern. Die transpersonale Dimension in der Psychotherapie.* Berlin: Ulrich Leutner, S. 136–154.

Wittgenstein, L. (2003): *Philosophische Untersuchungen.* Frankfurt am Main: Suhrkamp.
Zhuangzi (2003): *Das Buch der daoistischen Weisheit: Auswahl.* Ditzingen: Reclam.